visto.

conhecido.

amado.

AF728610

visto.
conhecido.
amado.

Como Deus nos ama por meio das 5 linguagens do amor

GARY CHAPMAN
R. YORK MOORE

Traduzido por Luciana Chagas

MUNDO CRISTÃO

Copyright © 2020 por Gary Chapman e R. York Moore
Publicado originalmente por Northfield Publishing, Chicago, Illinois, EUA.

Os textos bíblicos foram extraídos da *Nova Versão Transformadora* (NVT), da Tyndale House Foundation, salvo a seguinte indicação: *Bíblia de Jerusalém* (BJ), da Paulus.

Textura de fundo da capa copyright © 2019 por GCapture / Shutterstock (164083430). Todos os direitos reservados.

Todos os direitos reservados e protegidos pela Lei 9.610, de 19/02/1998.

É expressamente proibida a reprodução total ou parcial deste livro, por quaisquer meios (eletrônicos, mecânicos, fotográficos, gravação e outros), sem prévia autorização, por escrito, da editora.

Edição
Daniel Faria

Revisão
Natália Custódio

Produção
Felipe Marques

Diagramação
Marina Timm

Colaboração
Ana Luiza Ferreira

Adaptação da capa
Ricardo Shoji

CIP-Brasil. Catalogação na publicação
Sindicato Nacional dos Editores de Livros, RJ

C482v

Chapman, Gary, 1938-

Visto. conhecido. amado. : como Deus nos ama por meio das 5 linguagens do amor / Gary Chapman, R. York Moore ; tradução Luciana Chagas. - 1. ed. - São Paulo : Mundo Cristão, 2022.
96 p.

Tradução de: Seen. known. loved.
ISBN 978-65-5988-127-7

1. Deus (Cristianismo). 2. Amor - Aspectos religiosos - Cristianismo. 3. Comunicação interpessoal - Aspectos religiosos - Amor. I. Moore, R. York. II. Chagas, Luciana. III. Título.

22-76456 CDD: 231.6
CDU: 27-14

Gabriela Faray Ferreira Lopes - Bibliotecária - CRB-7/6643

Categoria: Espiritualidade
1ª edição: maio de 2022
Impressão digital sob demanda

Publicado no Brasil com todos os direitos reservados por:

Editora Mundo Cristão
Rua Antônio Carlos Tacconi, 69
São Paulo, SP, Brasil
CEP 04810-020
Telefone: (11) 2127-4147
www.mundocristao.com.br

Sumário

Introdução

O que você procura? Muitas pessoas que encontramos por aí buscam obter mais da vida. Elas estão à procura de significado, um propósito para a própria existência. Querem sentir que a vida que vivem tem valor. Querem conectar-se a outras pessoas para atuarem juntas a fim de tornar o mundo um lugar melhor.

Em resumo, querem *amar e ser amadas.* Você e eu já deparamos com centenas de pessoas que compartilharam conosco as lutas que enfrentam na vida. Em sua maioria, essa gente tem um histórico de relacionamentos rompidos, e debaixo de todas essas batalhas há um apelo por amor. Entre os estudiosos da psique humana, é consenso que uma de nossas necessidades emocionais mais profundas é a de sentir-nos amados, de perceber que alguém nos valoriza mesmo quando não correspondemos a todas as suas expectativas.

Essa foi a realidade pela qual eu (Gary) me senti impelido a escrever *As 5 linguagens do amor: Como expressar um compromisso de amor a seu cônjuge*. Essa obra vendeu milhões de exemplares em língua inglesa, além de ter sido traduzida e publicada em mais de cinquenta idiomas em todo o mundo. Sendo estudante de antropologia, fico maravilhado com o fato de essas cinco linguagens do amor terem, ao que tudo indica, aplicação universal.

As cinco linguagens do amor são: Palavras de Afirmação, Atos de Serviço, Presentes, Tempo de Qualidade e Toque Físico. Cada um de nós se identifica em maior grau com uma dessas cinco linguagens, aquela que fala mais fundo dentro de nós. Desse modo, a ideia é aprendermos a descobrir e a falar a linguagem de amor uns dos outros. Quando isso acontece, nós prosperamos, assim como nossas relações. Por exemplo, milhares de casais têm indicado que esse conceito simples literalmente salvou seu casamento. Adultos solteiros, por sua vez, enriqueceram o entendimento de seu relacionamento com os pais e com pretendentes.

Ao longo deste livro, vamos nos aprofundar nessas noções. Elas podem exercer grande impacto em sua vida, conectando você ao amor que tanto procura. Siga em frente na leitura!

A BATALHA

Você reparou nas notícias recentemente? Ao observar a situação do mundo, talvez nos perguntemos: Se o amor é tão importante, porque há, no mundo inteiro, milhões de pessoas brigando em vez de amar? Qual a razão disso?

A razão é uma só: somos todos muito autocentrados. Os psicólogos usam o termo "egocêntricos", o que não é exatamente o mesmo que "egoístas". Trata-se da ideia de que o mundo de cada indivíduo gira ao redor de si. Há um aspecto positivo nessa nossa inclinação natural: comemos, dormimos, praticamos exercícios físicos, enfim, cuidamos de nós. Contudo, esse pendor egocêntrico em geral leva ao egoísmo, e acabamos abordando a vida sempre com uma atitude do tipo "Que proveito tenho nisso?", o que afeta nosso comportamento como um todo. Porém, não é possível que dois egoístas tenham uma relação saudável.

Amor é o oposto de egoísmo. O amor pensa: "Como posso tornar melhor a vida daqueles com quem me relaciono?". O verdadeiro amor não é apenas um sentimento — é uma atitude acompanhada do comportamento apropriado. Acontece que esse amor legítimo incita as emoções. Por isso, quando você fala comigo usando a minha "linguagem do amor", eu me sinto amado.

Para além desse foco ensimesmado, muitas pessoas sofrem as consequências de viverem em um mundo falho, de terem passado por traumas angustiantes e situações que extrapolaram seu controle, sua capacidade de ação. Somos feitos da mistura de nossa inclinação autocentrada com o condicionamento resultante de nossas experiências. Diante disso, de fato não há ninguém entre nós que não careça do profundo e restaurador poder do amor.

A BUSCA

Sendo assim, para onde nos voltamos? Alguns alcançam certa medida de sucesso por meio do "pensamento positivo". Acredite, e acontecerá! Essa abordagem nos desafia a enfatizar os aspectos positivos do mundo em detrimento dos negativos, a enfocar as oportunidades em vez dos fracassos, a tornar limões em limonada, a desejar a luz em vez de amaldiçoar a escuridão. Já foram escritos milhares de livros sobre o poder do pensamento positivo.

Manter uma atitude positiva pode nos ajudar de diversas maneiras. Todavia, a maioria de nós precisará extrapolar o desafio de "pensar positivo" se quiser viver em amor. É difícil pensar positivo quando se tem de enfrentar o negativo dia após dia ou quando não nos sentimos muito bem acerca de quem somos. Ainda assim, seguimos em nossa busca.

À procura desse amor, muitas pessoas se voltaram à dimensão espiritual, e creio que elas estão olhando na direção certa. Em meus estudos de antropologia, eu (Gary) investiguei religiões de todo o mundo, incluindo as de culturas iletradas. Acima de tudo, o que me impressiona é o fato de haver, em todas as sociedades humanas, a crença em uma realidade "espiritual". Parece fundamental à natureza humana o senso de que, no mundo, há mais do que aquilo que nossos olhos podem ver.

Ainda que a pesquisa sobre religiões do mundo não tenha feito de mim um especialista em assuntos espirituais, de fato examinei e experimentei a fundo o poder transformador da fé cristã. E não estou falando sobre o cristianismo enquanto sistema religioso, mas sobre responder de modo pessoal e genuíno ao Deus cuja própria essência é o amor. Descobri que esse amor satisfaz incrivelmente: ao ser despejado para dentro de nosso coração, ele sacia nosso desejo mais intenso de sermos amados. O amor de Deus estimula o nosso amor — sendo amados, somos capazes de verdadeiramente amar o próximo.

Por que há, então, tantos religiosos grosseiros, rudes, ávidos por condenar os outros? Onde está o amor cristão? Embora mais de setenta por cento da população de meu país se identifique como cristã, muitas dessas pessoas são adeptas de um cristianismo meramente cultural.[1] Elas se nomeiam cristãs por terem sido criadas em uma sociedade majoritariamente cristã. Mais importante que isso, muitas ainda não deram uma resposta pessoal e genuína ao amor de Deus; na verdade, continuam à procura de amor. O mesmo vale para muitos de nós, a despeito de nossas crenças espirituais. Antes que nossa profunda demanda por amor seja satisfeita, é bem pouco provável que nos tornemos pessoas que amam.

SENTINDO-SE SÓ?

Agora, vamos falar de você.

Pode ser que, de maneira geral, você se saiba amado — pela família, pelos amigos, talvez até mesmo por Deus —, mas é possível que não se *sinta* amado. Se é como a maioria das pessoas, você se sente solitário durante boa parte do tempo. A realidade é que você NÃO está sozinho quando o assunto é sentir-se só. Milhões de seres humanos se debatem com esse sentimento. Por quê? A maneira como experimentamos a realidade aponta para aquilo que ocupa nosso íntimo e nos impele para onde deveríamos estar, na direção do relacionamento de amor para o qual fomos criados, um relacionamento com Deus. É disso que este livro trata.

Talvez, em algum lugar, você tenha ouvido falar sobre as cinco linguagens do amor. Quem sabe um amigo tenha relatado melhora no casamento depois que passou a usá-las. Mas elas possibilitam muito mais que isso.

Como elas funcionam? O que podemos aprender sobre Deus a partir das cinco linguagens do amor? Como podemos nos conectar com o amor divino de modo a realmente sentir esse amor?

É isso o que exploramos nesta breve obra.

QUANDO SE CRESCE LONGE DE DEUS

Primeiro, uma palavra pessoal.

Tendo crescido longe de Deus, eu (York) nunca, nem uma vez sequer, pensei sobre minhas linguagens do amor ou sobre minha condição ou necessidade espiritual. Quando era criança, quase nunca tínhamos onde morar e, quando tínhamos, meus pais penduravam uma placa na porta de casa: "Somos a família Moore e somos ateus". Também mantínhamos uma lata do lado de fora, na qual queimávamos bíblias. Não éramos apenas indiferentes a Deus; éramos hostis a ele e a tudo que lhe dissesse respeito.

Somente no terceiro ano do ensino médio foi que comecei a atentar para a minha alma e a ansiar por algo mais. Depois que experimentei o amor de Deus por mim, assumi o compromisso de partilhar esse amor com o maior número possível de pessoas. Nos últimos trinta anos, partilhei o amor de Deus com centenas de milhares de pessoas por meio de livros, programas de rádio e televisão e, o melhor, durante conversas pessoais regadas a café, logo depois de uma pregação ou mesmo no quintal de casa. Aqui estão duas conclusões a que cheguei com base nessas muitas experiências: primeiro, toda pessoa que encontrei foi profundamente influenciada pelo amor ou pela falta dele; segundo, toda pessoa que conheci deseja experimentar o amor a seu modo, de acordo com sua linguagem do amor.

Nossa intenção, portanto, é ajudar você a descobrir a resposta ao apelo de seu coração e auxiliá-lo a encontrar um caminho consistente rumo ao amor de Deus. Cremos que, à medida que experimentar o amor divino em sua própria linguagem do amor, você também descobrirá como tornar-se fonte de amor. Amamos porque *somos* amados.

1

Você é amado: palavras que mudam tudo

LINGUAGEM DO AMOR: PALAVRAS DE AFIRMAÇÃO

O amor é a maior força que o mundo já conheceu. Provocou a ascensão e a queda de impérios, incitou muita gente a dar a própria vida por outras pessoas e inspirou incontáveis poemas, canções, livros, peças teatrais, filmes, artigos, mensagens em cartões… O amor está em toda parte. Antes da invenção da internet e muito antes do desenvolvimento das redes sociais, as pessoas literalmente enviavam cartas escritas à mão a jornais. Era assim que os americanos pediam conselhos à especialista em amor e relacionamentos Ann Landers, pseudônimo de

Esther Pauline "Eppie" Lederer, famosa colunista que, por quase cinquenta anos, conduziu a seção jornalística independente "Pergunte a Ann Landers".

Ann não era psicóloga nem consultora, mas seus conselhos práticos, sensatos e afetuosos encontraram grande público. Ela entendia de amor. Certa vez, disse: "O amor é amizade incandescente. É compreensão serena, confiança mútua, partilha e perdão. É lealdade nos bons e nos maus momentos. Contenta-se com o que não é perfeito e acolhe as fraquezas humanas. [...] Se há amor em sua vida, isso compensa muitas coisas das quais talvez sinta falta. Se não há amor, nada será suficiente, não importa o que seja".[1]

Eu te amo. Quando alguém nos diz isso — seja numa conversa, seja por mensagem de texto ou bilhete, seja em voz alta —, tudo se transforma. Essas palavras nos fazem sentir valorizados e nos servem de âncora em meio às ondas da vida. Quando estamos em nosso pior momento, quando a vida parece despedaçar-se ou quando somos profundamente feridos, receber essa frase de um amigo, colega, parente ou irmão pode fazer toda a diferença. Se essas três palavrinhas mudam tudo, por que resistimos tanto a acreditar que somos amados ou mesmo dignos de amor?

Por que resistimos tanto a acreditar que somos amados ou mesmo dignos de amor?

Muitos de nós já ouvimos alguém dizer que nos ama, mas não acreditamos nisso, não somos receptivos a essa manifestação de amor; e, assim, mantemos os esforços para nos *sentirmos* amados.

REDES SOCIAIS E ANSEIOS HUMANOS

Embora a coluna de Ann Landers já não exista há muito tempo, quando o assunto é amor ainda "postamos" pedidos de ajuda, agora nas redes sociais, que tornaram as conversas sobre amor muito mais complicadas e recorrentes. Em certo sentido e em muitos casos, as redes sociais exacerbaram o anseio humano por amor, pois agora podemos conhecer um número ilimitado de pessoas que vivem a vida que gostaríamos de ter. Rolamos o *feed* e vemos, em imagens bem nítidas, vidas envoltas em amor — e elas estão em toda parte. Vemos a humanidade vibrar rompendo em sorrisos, saciando-se com boas refeições e visitando belas paisagens; também vislumbramos cenas modestas de casais em restaurantes acolhedores. Divertindo-se. Reunindo-se com os amigos. Apresentando o bebê recém-nascido. Então, olhamos para a nossa vida e nos sentimos inadequados.

Ao mesmo tempo, muitos de nós dependemos das redes sociais e dos choques de satisfação que experimentamos quando alguém "curte" nossas publicações;

sentimo-nos reconhecidos, importantes. Porém, como já temos notado, quanto maior o uso das redes sociais, mais solitários nos tornamos. Em outras palavras, o fato de nos contentarmos com um substituto barato do verdadeiro amor faz que nos *sintamos* menos amados; é como beber água do mar na tentativa de matar a sede. Quando nos resignamos ao pseudoamor, tudo o que conseguimos é suspirar por mais e mais.

NÃO HÁ PALAVRAS SUFICIENTES NO MUNDO

Algumas pessoas precisam, precisam mesmo, *literalmente* ouvir que são amadas. Elogios espontâneos e manifestações de incentivo são tudo na vida daqueles cuja principal linguagem do amor corresponde a palavras de afirmação. Ao receber um "Eu te amo", eles ganham o dia! Ouvir as razões por trás desse amor faz seu espírito subir ao céu.

O problema é que, embora as palavras de afirmação sejam poderosas, para muitos de nós elas nunca bastam. Comentários e "curtidas" em nossas publicações nas redes sociais nos fazem almejar mais palavras de afirmação. Quanto mais recebemos, mais desejamos. Reagan, por exemplo, é uma mulher que se abastece afetivamente por meio de palavras de afirmação. Pouco depois de completar trinta anos, ela passou a ficar em casa para cuidar de seus dois belos filhos. Embora experimentasse amor na vida em família, ela começou a se comparar com outras mulheres. Volta e meia, questionava-se se era uma boa mãe, se seus filhos tinham uma boa infância, se sua vida doméstica era digna de inveja ou deixava a desejar. Reagan começou a ocupar seus dias dividindo-se entre o cuidado com os dois filhos pequenos e a atenção obsessiva à sua conta no Instagram. Estava sempre ávida por fotos bonitas que a mostrassem como a mãe perfeita que tem uma vida perfeita e que, acima de tudo, é amada. Suas publicações a supriam de palavras de afirmação que lhe serviam de gratificação instantânea, mas nunca eram suficientes — ela ansiava por mais. Embora frequentemente lhe *dissessem* que a amavam, Reagan não se firmava nesse amor. Ela gastava cada vez mais tempo observando palavras afirmativas surgirem e se propagarem em suas publicações no Instagram, mas não se *sentia* amada.

A batalha de Reagan é conhecida por todos nós e resulta do fato de termos sido criados para receber o amor de Deus. Movida por palavras de afirmação, Reagan foi criada por Deus para experimentar o amor principalmente por meio de palavras. A questão é que não há palavras suficientes no mundo capazes de fazê-la *sentir* esse amor de um jeito que lhe satisfaça a alma. Nós, que experimentamos o amor primordialmente por meio de palavras, precisamos com urgência ouvir o que Deus nos diz: "'Pois, ainda que os montes se movam e as colinas desapareçam, meu amor por você permanecerá. A aliança de minha bênção jamais será quebrada', diz o SENHOR, que tem compaixão de você" (Isaías 54.10).

O PODER DAS PALAVRAS DE DEUS

Deus o ama. Ele tem compaixão por você. Ele o vê e está empenhado em ter um relacionamento de paz com você. As palavras afirmativas que Deus nos oferece são muito mais poderosas que as coisas passageiras e, por vezes, superficiais que os outros nos dizem na internet. As palavras dele são um verdadeiro alicerce para nossa alma.

Releia o versículo citado acima, colocando nele o seu nome. No caso de Reagan, ficaria assim: "'Pois, ainda que os montes se movam e as colinas desapareçam, meu amor por Reagan permanecerá. A aliança de minha bênção jamais será quebrada', diz o SENHOR, que tem compaixão de Reagan".

As palavras de Deus são poderosas porque nelas há um amor que se mantém sem que precisemos agir ou nos empenhar. Deus ama você. Ele *diz* isso, e você pode experimentar esse amor diariamente. Sobretudo se for uma pessoa movida por palavras de afirmação, você pode *sentir-se* amado, pode viver o amor de Deus ao ouvir as palavras dele; pode usar o telefone celular para ler a palavra que Deus dirige a você e experimentar amor e comunhão de uma forma que nunca imaginou ser possível. As pessoas, em sua maioria, não leem a Bíblia, mas há estudos que comprovam que a leitura bíblica regular reduz o estresse, produz paz e ajuda a alcançar uma vida plena de amor e apreço. Por quê? Tão somente porque o poder das palavras de afirmação oferecidas a nós por Deus na Bíblia não pode ser substituído por palavras vindas de ninguém mais.

Considere estas palavras de afirmação proferidas por Jesus, que nos convida a descobrir nele nossa fonte de satisfação: "Eu sou o pão da vida. Quem vem a mim nunca mais terá fome. Quem crê em mim nunca mais terá sede" (João 6.35). Ninguém, nem mesmo um colega, os pais ou o cônjuge, poderia nos dizer algo semelhante — soaria absurdo. Apenas Jesus pode nos dizer essas palavras de afirmação de um modo que realmente faz sentido e impacta nossa vida. Nossos anseios mais profundos e nossa fome de amor e comunhão são saciados no relacionamento com Jesus. Deus promete que nunca sentiremos fome ou sede se nos achegarmos a ele. Ele nos convida a nos aproximarmos dele pois nos ama com amor eterno.

DEUS VÊ VOCÊ!

Esta é a realidade: você É visto; você NÃO é invisível. Deus quer que você saiba que ele o vê em seus melhores e piores momentos e escolhe amá-lo incondicionalmente.

> Tememos nos sentir invisíveis.

Muitas vezes, sentir-se amado tem a ver com ser notado. Nós, que somos motivados por palavras de afirmação, tentamos desesperadamente nos fazer notáveis para, assim, conquistar a recompensa de ouvir que somos percebidos e apreciados. Tememos nos sentir invisíveis e fazemos de tudo para receber palavras de afirmação que nos ajudem a confiar que somos vistos e amados. Isso é que é incrível (para o bem e para o mal) nas redes sociais. Nelas, podemos nos mostrar de modo antes impossível. Assim como Reagan, exibimos nossa vida em fotos, registros instantâneos que dizem ao mundo que estamos aqui. Entretanto, acaso já lhe ocorreu publicar algo numa rede social e não obter quase nenhuma "curtida"? Pior que isso talvez só o fato de a única pessoa a curtir a publicação ser nossa mãe ou avó. Na raiz de nosso intenso desejo por atenção está o anseio de sermos amados.

De novo: Deus vê você. Na verdade, ele o tem observado sempre e sempre, desde o início. Há um poema na Bíblia no qual o autor experimenta o amor divino ao notar quão intimamente Deus se envolve com sua vida durante um período bastante sombrio e difícil. Aqui está um trecho desse poema — tome essas palavras para si:

> Ó Senhor, tu examinas meu coração
> e conheces tudo a meu respeito.
> Sabes quando me sento e quando me levanto;
> mesmo de longe, conheces meus pensamentos. [...]
>
> É impossível escapar do teu Espírito;
> não há como fugir da tua presença.
> Se subo aos céus, lá estás;
> se desço ao mundo dos mortos, lá estás também.
> Se eu tomar as asas do amanhecer,
> se habitar do outro lado do oceano,
> mesmo ali tua mão me guiará,
> e tua força me sustentará. [...]
>
> Tu formaste o meu interior
> e me teceste no ventre de minha mãe.
> Eu te agradeço por me teres feito de modo tão extraordinário;
> tuas obras são maravilhosas, e disso eu sei muito bem.
>
> Salmos 139.1-2,7-10,13-14

Bem, você pode estar levando uma vida feliz, talvez até uma vida banhada em amor. Pode estar vivendo como quem anseia por mais. Pode estar enfrentando tempos difíceis, como o poeta que expressou tais palavras para Deus. Qualquer que seja a história, cada um de nós foi feito para um amor mais profundo, um amor que só pode ser vivenciado por meio de "amizade incandescente", na qual somos reconhecidos, percebidos e aceitos apesar de nossas imperfeições e fragilidades. Esse tipo de amor só pode ser experimentado no relacionamento com Deus.

AJUSTANDO O FOCO: *Descansando naquilo que Deus diz a seu respeito*

"Eu te amo" — três palavras que podem mudar tudo. Quando vivenciadas num relacionamento com Deus, elas não apenas mudam nosso humor ou nosso dia, mas nos transformam de dentro para fora! Deus quer que você experimente o amor que ele oferece, que se *sinta* amado. Deus quer que você baseie nesse amor o seu senso de dignidade e pertencimento, mediante as palavras que ele diz, sem se pautar no desejo ou na espera por afirmações momentâneas vindas de outras pessoas. As palavras dele não mudam, não falham; são sempre relevantes e aplicáveis à nossa vida. O amor de Deus é um convite para que, no relacionamento com ele, encontremos nosso mais profundo senso de identidade e dignidade.

O mais incrível das linguagens do amor é que elas atuam nos dois sentidos. Independentemente de qual seja nossa principal linguagem do amor, Deus nos ama de muitas maneiras e podemos responder a ele "em espécie". Damos e recebemos amor, e isso acontece de diversas formas; na maioria das vezes, porém, ocorre por meio de nossa principal linguagem do amor, tanto no que se refere a dar quanto a receber amor. Quem valoriza palavras de afirmação pode aprender a responder a Deus em amor — aqui novamente, mediante palavras de afirmação dirigidas a ele. A isso damos o nome de louvor e adoração.

Tente fazer isto. Ainda que nunca tenha "orado" ou mesmo se a oração já for algo rotineiro em sua vida, tente dizer a Deus que o ama. Veja como seu dia termina se você dedicar tempo a oferecer-lhe palavras de afirmação. Ele fala a sua linguagem do amor e tem sempre uma maneira nova de dizer que o ama, que o valoriza, que se importa com você. Como seria se você também usasse sua linguagem do amor para responder a ele de volta?

Ao longo do dia, quando estiver sozinho no carro, no elevador, ou apenas recolhido em seu coração, procure proferir palavras de afirmação ou louvor a Deus. Você pode dizer coisas como: "Deus, tu és maravilhoso", "Deus, eu te amo", "Deus, estás sempre pronto para me atender", "Deus, tu és... [complete a frase]". Se orar não é algo que você faz regularmente, opte pela simplicidade. Deus ouve! Quando oramos, é comum descobrirmos que estamos amando melhor, *sentindo* amor enquanto o expressamos com as palavras de nossa boca. Não louvamos a Deus visando contar-lhe coisas que ele desconhece acerca de si mesmo. Deus já sabe quão maravilhoso ele é. Nós lhe dirigimos palavras de afirmação a fim de conectar nosso coração àquilo que Deus de fato é e, assim, *sentir* seu amor dentro de nós. Uma possível maneira de começar a fazer isso é utilizando o poema reproduzido há pouco, o salmo 139. Tente expressar esse poema em voz alta a Deus agora mesmo e veja como você se sente. Ouvir palavras de afirmação saindo de nossa boca na direção de Deus nos ajuda a verdadeiramente receber as palavras que ele nos diz. Isso nos faz sentir mais amados e oferecer mais amor.

2

Você é visto: você é importante e suas ações também são

LINGUAGEM DO AMOR: ATOS DE SERVIÇO

Uma menininha avistou, pela janela de seu quarto, o canteiro florido lá embaixo. Em vez das belas begônias de que tanto gostava, viu ervas daninhas que começavam a expulsar várias das flores vermelhas e brancas que havia ali. A garota, que adorava o canteiro de flores mantido pela família, ficou aflita ao vê-lo invadido por tanta feiura; por isso, decidiu cuidar daquilo por conta própria. A ideia era remover as ervas daninhas e, assim, fazer uma surpresa para a mamãe e o papai.

Então, pegou um cesto, ajoelhou-se e começou a puxar as intrusas pela raiz, do jeito que seu pai lhe ensinara. Puxou e puxou, empenhando-se para não soltar as raízes daquelas flores tão bonitas que se aninhavam junto ao mato espinhento e esfiapado. Arrancando mato por mato, colocava-os no cesto, que logo ficou cheio. Obstinada, acreditava que, mesmo sozinha, poderia vencer as ervas daninhas e restituir ao canteiro a magnífica beleza de antes.

Contudo, passado algum tempo, a menina começou a avaliar seu progresso e notou que não estava avançando tanto assim. O que ela realmente eliminara era uma pequena porção de um problema muito maior. Na parte que havia sido limpa, a garotinha acabara machucando as frágeis raízes das flores que tão dedicadamente queria salvar. Ao observar a extensão da invasão, suspirou frustrada, percebendo que a tarefa era árdua demais. Abalada, deixou o cesto de lado, foi para dentro e lavou as mãos.

Na vida, com muita frequência nos comportamos como essa menininha: empenhamo-nos em fazer a diferença e tornar o mundo mais bonito, mas, então, nos damos conta de que os problemas da vida têm raízes muito mais profundas e espalhadas. Depois de um tempo, dispensamos o cesto e lavamos as mãos, abandonando a paixão e a certeza de que nossas ações são importantes.

JÁ SE PERGUNTOU?

Você já se perguntou se o que faz é relevante? Já suspirou frustrado ou percebeu que seu cesto de ervas daninhas se encheu até o topo pelos problemas da vida? Começamos tão entusiasmados, querendo fazer a diferença, mas no curso da vida desaceleramos e, não raro, desistimos. Questionamos se, no fim das contas, nossas ações têm alguma serventia, se alguém nos *vê*. Com o tempo, passamos a notar que os problemas da vida são muito maiores e mais complexos do que imaginávamos.

Deus quer que saibamos, entretanto, que ele nos vê. Ele vê nosso enorme coração, a imensa vontade de arrancar as ervas daninhas de nossa vida e do mundo, e vê que estamos cansados. Ele sabe de antemão que a tarefa é grande demais para nós — nunca foi responsabilidade nossa mudar o mundo. Deus também quer que você saiba que suas ações importam, *sim*, e que *você* importa. Você NÃO é irrelevante. Nossas ações e a intenção do nosso coração são sinais, são provas de que somos filhos do Pai celestial. Tais como a garotinha na janela, desejosa por embelezar sua casa, olhamos para um mundo repleto de males e sabemos que não era para ser assim. A menina sabia distinguir entre plantas belas e plantas esfiapadas, espinhentas; assim também, sabemos discernir entre o que o mundo é e o que deveria ser.

UMA VIDA RELEVANTE

Um dos maiores heróis de nosso tempo é um homem de cabelo espetado e óculos de lentes grossas, fundador de uma organização não governamental dedicada ao combate à escravidão. Gary Haugen era advogado no Departamento de Justiça dos Estados Unidos, mas, em 1997, abandonou o cargo para criar a International Justice Mission [Missão Internacional de Justiça], ou IJM. A organização hoje atua em nível global e, à época em que escrevo este livro, já resgatou cerca de cinquenta mil escravizados! E mais: a IJM vem exercendo papel fundamental na mudança de leis e na oferta de treinamento a órgãos policiais de todo o mundo. Já ajudou a estabelecer políticas de direitos humanos em diversos países, conduziu uma pesquisa mundial sobre tráfico de pessoas e indiciou inúmeros criminosos. Por meio da IJM, comunidades inteiras outrora controladas por redes de tráfico humano hoje prosperam livres da escravidão. Há "canteiros" de pessoas, verdadeiras comunidades que, sufocadas pelas ervas daninhas da injustiça, nutriam pouquíssima esperança quanto ao futuro. Pela ação de Haugen e da equipe da IJM, buquês de esperança vermelhos e brancos agora florescem com justiça e beleza naqueles lugares onde antes havia tanto sofrimento.

Como seria se Gary Haugen não tivesse feito nada? Como estaria a vida de Jyoti hoje? Jyoti é uma dentre os cinquenta mil escravizados que a equipe de Gary ajudou a libertar de prostíbulos e outras formas de servidão. Quando foi resgatada, Jyoti tinha apenas 6 anos. Hoje, ela e muitas outras crianças vítimas de tráfico sexual libertadas pela IJM florescem. A decisão de Gary de deixar de lado uma carreira bem-sucedida no Departamento de Justiça de seu país fez absurda diferença na comunidade e na vida de Jyoti. Há um ditado conhecido que afirma: "A única coisa necessária para o triunfo do mal é a inércia dos bons". Não se sabe ao certo quem foi o primeiro a dizer isso, mas se trata de uma verdade poderosa.

A questão é: como continuar lutando por justiça, almejando um mundo melhor e trabalhando em prol do que é belo e correto se estamos tão cansados? Como foi que Gary e sua equipe conseguiram? Acaso eles não se cansam? O cesto deles não se encheu de ervas daninhas como o nosso? Os problemas da nossa vida e do mundo são complexos e têm raízes profundas; além disso, no empenho por estabelecer beleza e retidão, muitas vezes arrancamos junto o que é bom. Então, de que maneira Gary e seus colegas fizeram a diferença?

AÇÕES MOTIVADAS POR AMOR

É aqui que entra o amor. Sim, o que fazemos importa, *realmente* faz a diferença; mas, quando impulsionadas pelo amor, nossas ações são muito mais poderosas. O amor tem poder multiplicador, exponencial. Transforma em realidade duradoura nosso simples desejo de "fazer o bem".

E como isso acontece? Somente Deus tem poder para mudar nossa vida e o mundo em que vivemos e, quando temos um relacionamento de amor com o Senhor, nossos cestos não se enchem de ervas daninhas e não nos cansamos de buscar a beleza e a retidão, desde que façamos isso junto dele. Foi justamente isso que Gary Haugen descobriu quando fundou a IJM. Ele e sua equipe logo perceberam que precisavam ser sustentados pelo poder sobrenatural e exponencial do amor divino. Em qualquer lugar do mundo onde estejam, Gary e o pessoal da IJM começam cada dia de trabalho expressando seu amor a Deus em intervalos de oração pré-combinados. Regularmente, no meio do dia, eles param o que estão fazendo e entregam a Deus orações plenas de amor e adoração. O compromisso de amor tanto pelos marginalizados e oprimidos quanto por Deus é o combustível que lhes permite seguir em frente neste mundo cheio de ervas daninhas e permeado por tanta fragilidade.[1]

> Quando impulsionadas pelo amor, nossas ações são muito mais poderosas.

Insisto: o amor faz toda a diferença no mundo, e não se trata de algo meramente pessoal. Na Bíblia, há um livro de ditados bem conhecidos chamado Provérbios. Um desses ditados afirma: "Quem busca a justiça e o amor encontra vida, justiça e honra" (Provérbios 21.21). A combinação mágica é: justiça *e* amor. Quando essas duas coisas ocorrem juntas, não há nada igual debaixo do sol! Sem amor, nossas atitudes se revelam insustentáveis e com frequência nos vemos exaustos, nervosos e amargurados. No texto original desse ditado, a palavra traduzida como "justiça" indica também "florescimento". Portanto, a pessoa que alia ao amor um forte desejo por agir corretamente encontra vida, prospera e é honrada. A combinação de justiça e amor garante o poder que nos sustenta e nos ajuda a vencer este mundo tomado pelo mal e pela desesperança. (Percebe a relação entre "florescer" e "flores"?)

Quanto a "honra", o que dizer? A busca por justiça e o amor conduz à honra, ao reconhecimento do que se fez. Quando vivemos em amor visando colocar o mundo nos trilhos, somos vistos *e* conhecidos. Como seria se, em vez de agir sozinha, a menina se unisse ao pai numa tarde e, então, eles limpassem o canteiro juntos, rindo e encorajando um ao outro? Você acha que isso teria feito alguma diferença no momento em que a menina notou o cesto cheio ou quando se sentiu desolada? Estou certo de que, ao final do dia, o pai lhe teria dito: "Excelente!", "Conseguimos!" ou "É assim que se faz!". Palavras de honra. Em geral, aqueles quem têm sede de justiça sabem que não são irrelevantes. Eles se afirmam ao sentir-se honrados — e não há nada de errado nisso.

COLOCAR AS COISAS NOS DEVIDOS LUGARES

A Bíblia nos ensina que viver em amor e trabalhar para tornar o mundo aquilo que ele deveria ser resulta, *sim*, em honra. Seremos *de fato* percebidos quando nossa vida for permeada de amor e justiça. Contudo, muito comumente, as pessoas que se empenham por justiça não pensam tanto no amor; e aquelas que são puro amor não são exatamente as que marcham pelas ruas ou combatem iniquidades sistêmicas. Quando essas duas características se juntam, o resultado é explosivo! Lembre-se: Deus nos criou para o amor e para que vivenciemos isso (ou seja, nos *sintamos* amados) mediante nossa principal linguagem do amor. Essa linguagem nos permite sentir o amor, experimentá-lo no mais fundo de nosso ser. As pessoas para as quais o amor chega por meio de atos de serviço são, com frequência, obstinadas por justiça. Em geral, são mulheres e homens cheios de iniciativa, gente que não se conforma com o sofrimento, a existência de marginalizados e a opressão. Assim como

Gary e aquela garotinha, lutam com afinco em prol de uma realidade justa e bela, de um mundo que sabem que *deveria* existir, mas *não* existe. Em resumo, pessoas cuja principal linguagem do amor são atos de serviço trabalham para colocar as coisas nos devidos lugares.

VOCÊ E OS ATOS DE SERVIÇO

Você é uma pessoa do tipo atos de serviço? Caso sua principal linguagem do amor seja essa, você por vezes se pegará agindo de modo a expressar cuidado e zelo pelos outros e pelo mundo à sua volta. Em contrapartida, também vivencia o amor por intermédio das ações de outras pessoas em seu favor. Você entende que, ao fazer isso, elas lhe oferecem cuidado. Na sua opinião, falar é fácil. É preciso tirar dinheiro do bolso, arregaçar as mangas e realmente *fazer* alguma coisa. Para você, sentir amor é ser percebido, ser reconhecido e partilhar de atenção e cuidado mútuos.

Quem é movido por atos de serviço também costuma adotar uma perspectiva panorâmica e deseja pôr suas energias a serviço dos outros, seja na dimensão política, seja no âmbito social, seja no contexto das relações. A intenção é limpar o jardim todo, remover toda e qualquer erva daninha. Por essa razão, preguiça, acordos não cumpridos e inércia lhe causam enorme frustração. Essa é uma das maneiras pelas quais compreendemos que fomos criados por um Deus que pensa grande. Ao providenciar cada coisa, o Deus da criação tinha em mente a visão do todo. Pequenos riachos correm para os rios, e estes, para lagos e oceanos, os quais proveem alimento para colônias das mais formidáveis espécies de mamíferos, aves, insetos e criaturas marinhas. O Deus da criação não formou animais isolados, que perambulam aleatoriamente por aí. Há harmonia e beleza na criação divina. Lá no fundo, na essência de quem somos, sabemos disso e buscamos esse mundo harmonioso e belo.

VOCÊ NÃO É IRRELEVANTE!

A triste realidade é que nosso mundo está despedaçado. Sim, *existem* ervas daninhas. Crianças são vendidas a prostíbulos; as pessoas não são gentis, não se empenham pelo bem do planeta nem atuam em favor de seus semelhantes. E é isso o que mais aborrece quem é movido por atos de serviço. Diante de todo nosso trabalho, sentimo-nos irrelevantes como a garotinha, com tanta coisa a ser feita embora o cesto já esteja repleto de mato.

> Quando combinamos amor e justiça, temos vida próspera!

Com o tempo, nós nos pegamos desistindo de nossos ideais mais nobres, descartando o cesto e lavando as mãos. Todavia, quando temos um relacionamento com Deus, podemos experimentar e vivenciar o amor justamente *por meio* do trabalho que fazemos! Podemos nos *sentir* amados ao provar da confiança e do reconhecimento que vêm de Deus, na companhia de outros que também se relacionam com ele.

Podemos descobrir que não somos irrelevantes e que nosso trabalho é potencialmente significativo. Quando pessoas do tipo atos de serviço tentam fazer as coisas sozinhas, seu cesto se enche e a tarefa parece infrutífera; então, elas se tornam exaustas e amarguradas. Por outro lado, como afirma Provérbios, quando combinamos amor e justiça, temos vida próspera!

Deus lhe assegura que você é importante, *sim*, e que sua vida é relevante. Ele quer que você saiba que suas ações *podem* fazer a diferença se estiverem enraizadas no amor. Veja bem: fomos criados para fazer a diferença influenciando o mundo a ponto de levá-lo a relacionar-se com Deus. Deus não nos criou para que ficássemos assistindo a tudo sentados debaixo de uma árvore. Ele não criou espectadores; criou filhos e filhas para que agissem junto dele em amor, conferindo beleza a este mundo que tanto nos esforçamos para consertar.

AJUSTANDO O FOCO:
Acredite que você importa

Ao falarmos sobre Deus, é importante perceber que não nos referimos a algo que imaginamos existir. Falamos sobre o Deus que criou mares estrondosos incríveis, cobriu o topo das montanhas de neve e encheu o mundo de crianças lindas que transbordam esperança e alegria. Deus é real e se revelou a nós de três formas: primeiro, no mundo que criou. O Deus que fez tudo e que se envolve intimamente com tudo o que há em sua criação também está intimamente envolvido com você. Deus o vê; você *não* é invisível para ele!

A segunda forma pela qual Deus se deu a conhecer a nós foi mediante a Bíblia, na qual conhecemos sua história desde a criação até o fim dos tempos. Nesse relato, vemos e aprendemos que Deus tem um plano para o mundo e também para nós. O Senhor está em vias de tornar tudo novo mais uma vez, restaurando o que se perdeu. Ele libertará o jardim, desembaraçando-o das ervas daninhas, e fará que tudo volte à perfeição e à beleza. Na Bíblia, Deus nos diz como podemos conhecer seu amor e experimentar a maior revelação que ele já nos fez: seu Filho, Jesus, que veio a este mundo para mostrar o amor do Pai e nos tornar capazes de viver esse amor. Jesus é a exata encarnação de nossa linguagem do amor, pois nele e por intermédio dele podemos provar o amor numa intensidade impossível de ser experimentada de outra maneira.

Preste atenção nas palavras de Jesus e em como elas manifestam a linguagem do amor pautada por atos de serviço: "Observem como crescem os lírios. Não trabalham nem fazem suas roupas e, no entanto, nem Salomão em toda a sua glória se vestiu como eles. E, se Deus veste com tamanha beleza as flores que hoje estão aqui e amanhã são lançadas ao fogo, não será muito mais generoso com vocês, gente de pequena fé?" (Lucas 12.27-28).

Salomão, rei em tempos remotos, foi incrivelmente rico. Jesus, por sua vez, se dirigia a uma multidão que nunca se sentira importante nem tivera muita coisa na vida; ele lhes oferecia esperança.

Ainda que também "não faça suas roupas", como os lírios, você tem valor para Deus. Você é percebido, reconhecido e resguardado por ele. A despeito de qual seja seu trabalho, talvez você ache que o que faz não signifique tanto para o mundo. Pode ser que só se considere relevante quando conquista algo, quando está lá fora, com aquele cesto enorme, removendo ervas daninhas e realizando coisas notáveis. Mas essas palavras de Jesus revelam o profundo amor e o profundo cuidado que Deus tem por você. Ele o "veste" de beleza como a um campo de flores. Acaso você já se viu literalmente "vestido de beleza"? Talvez para uma ocasião especial, como uma formatura ou um casamento, um dia de prestígio ou celebração? Quem sabe para uma sessão de fotos ou uma festa? Vestir-se de beleza é um ato festivo, especial. Quando vivemos um relacionamento de amor com Deus, ele nos vê e celebra nossa vida com honra, vestindo-nos de esplendor tal que supera a beleza de um campo florido livre de ervas daninhas.

Deus quer que você se sinta notado ao experimentar o amor que ele oferece. Ele quer que se sinta pleno de propósito e realização, não por meio de trabalho árduo, mas, sim, por desfrutar de uma vida em amor. A perspectiva que Deus tem em mente excede a intenção de corrigir o que há de errado. Ele age para nos vestir — assim como ao restante do mundo — de beleza. Quando em você há amor e justiça simultâneos, essa perspectiva divina mais ampla pode se materializar em sua vida e em suas ações.

Bem, você talvez consiga descrever um momento exato no qual provou do amor de Deus. Pode ter tomado a decisão de acreditar que Deus o vestiu de justiça. É possível que se considere seguidor de Jesus, crente em Deus, alguém que foi vestido de beleza, mas já não se sente assim tão incrível. Talvez haja uma nuvem pairando sobre você, uma escuridão que o impede de viver a alegria e o senso de propósito promovidos pelo amor de Deus. Há muitas razões para que nos sintamos assim de vez em quando. Pouco a pouco, nós nos distanciamos do amor de Deus e nos movemos na direção de coisas mais imediatas com que deparamos ao longo do dia. Às vezes, essas coisas são relacionamentos que nos deixam arrasados, respostas instantâneas encontradas em prazeres físicos, vícios e hábitos, ou até mesmo a desistência total de viver. Todos passamos por fases em que é mais fácil tomar o caminho do prazer do que optar pela árdua tarefa de amar.

Muitos de nós que já decidimos viver no amor de Deus nos surpreendemos, vez ou outra, carentes de um recomeço. Há quem chame isso de "reconsagração", um momento decisivo no qual reconhecemos ter nos distanciado do amor e admitimos nossa necessidade de experimentar mais uma vez a presença e o poder de Deus em nossa vida. Se esse é o seu caso, tente tão somente dizer estas palavras a Deus em voz alta agora mesmo:

"Deus, quero viver em teu amor. Perdoa-me pelas ocasiões em que me distanciei da vida em amor. Eu te peço que ocupes de novo o centro da minha vida. Enche-me com a tua alegria e liberta-me de tudo que me impede de te conhecer".

3

Você tem valor: a dádiva de ser aceito

LINGUAGEM DO AMOR: PRESENTES

Christine passou o dia todo preparando petiscos especiais, selecionando músicas para a *playlist* e decorando o apartamento para mais uma festa. Não se tratava de apenas mais um evento social divertido. As festas de Christine eram sempre muito apreciadas por seus amigos, que se julgavam sortudos por terem recebido o convite. Christine elevou o ato de festejar a outro nível, atentando de maneira fabulosa aos detalhes e se antecipando às necessidades dos convidados. A cada vez que se comprometia a oferecer-lhes um "agradinho festivo", ela se ocupava, sobretudo, de uma intensa carga mental.

Como se as celebrações em si não fossem suficientes, Christine era conhecida por sempre se despedir dos participantes com um regalo extra — um registro em foto emoldurada da noite que tiveram juntos; um copo estampado com o tema do encontro; miniaquecedores de mãos para amenizar o frio lá fora... As recordações das festas que promovia eram sempre intencionais e sinceras, e revelavam algo importante sobre Christine: essa era a maneira como ela demonstrava amor às pessoas a quem queria bem.

Porém, a despeito de toda diversão, Christine nunca extraía das festas tanto quanto depositava nelas. Os presentes que oferecia eram sempre bem recebidos, e os convidados lhe agradeciam com palavras de afirmação, abraços e promessas de um tempo de qualidade acompanhado de cafezinho, mas ela raramente se *sentia* amada com isso. Ela ansiava por sentir-se amada da mesma forma como tentava amar aqueles com quem convivia.

Essa dinâmica de presentear e não se sentir amada de volta mostrou-se crítica durante uma festa de Natal em cujos preparativos Christine dera tudo de si. Tudo havia sido providenciado de um jeito que até mesmo um organizador de eventos profissional consideraria impecável. Animados em seus trajes de festa e empolgados com a euforia daquela data, os convidados começaram a chegar. Dessa vez, os famosos mimos oferecidos pela anfitriã foram entregues durante o evento, não ao final dele! A comida estava perfeita, a música estava perfeita, os presentes estavam perfeitos. Contudo, já perto do final, Christine se viu sentada no corredor de acesso ao apartamento, ouvindo as risadas dos convidados, que curtiam a festa. Ela se perguntava se eles ao menos haviam notado sua ausência e sentiu-se uma intrusa em sua própria casa. Por quê? Porque parecia não ter conexão com aquelas pessoas lá dentro, não se *sentia* amada por elas. Sozinha ali no corredor, foi tomada por uma onda de raiva, medo, amargura e desespero. "Por que não recebo presentes como os que ofereço? Será que as pessoas estão só me usando? Será que não gostam do que dou a elas? Há alguma coisa que não estou percebendo?"

O QUE OS PRESENTES FAZEM — E O QUE NÃO FAZEM — POR NÓS

Os conflitos que Christine enfrenta não são incomuns. Ela é uma "presenteadora", alguém que vivencia o amor ao dar e receber presentes. Essa terceira linguagem do amor é falada por quem floresce diante da consideração e do cuidado que estão por trás do ato de presentear. Compreendemos nosso valor, nossa dignidade, com base na atenção evidenciada nos mimos que recebemos. Presenteadores buscam sentir-se importantes ao doar e ao receber regalos. O ponto, aqui, não é o presente em si, mas o que ele significa. Para aqueles de nós que nos motivamos com a troca de presentes, oferecer e receber o item ou o gesto perfeito mostra que somos vistos, amparados e valorizados. O sacrifício e o investimento por trás da oferta intencional de um mimo são sagrados, mas o presente irrefletido, o aniversário ou a celebração que passam despercebidos e a falta de reciprocidade podem ser desastrosos para relacionamentos que envolvam presenteadores. É por isso que Christine se sente isolada e solitária, negligenciada e mal-amada. O problema é este: ainda que seus convidados tentem se mostrar gratos ou oferecer algo em retribuição, ninguém consegue alcançar os padrões que ela mesma estabeleceu.

> Christine sofria daquela "solidão na multidão" que muitos de nós podemos experimentar de vez em quando.

Considere o seguinte: quando dá uma festa, você é quem está no controle e determina qual será o padrão do evento. Isso vale para qualquer um de nós, independentemente de sermos extrovertidos ou introvertidos. E pode ser difícil viver segundo esse padrão. Em certo sentido, Christine foi tão pródiga na atenção aos amigos que se tornou difícil para eles oferecer algo em troca. Dito de outra forma, ela sofria daquela "solidão na multidão" que muitos de nós podemos experimentar de vez em quando.

A verdade é que Christine busca amor nos lugares errados. Ela vinculou seu senso de valor próprio a relacionamentos baseados em presentes, a expressões de consideração pessoal e à regularidade com que participa de reuniões sociais. Mas a pergunta que lhe cabe é: "Quem sou eu na ausência dos outros?". Consideração e cuidado manifestos por meio de presentes são a moeda pela qual Christine se reconhece digna e aceita... Mas, e se não fosse assim?

ALEGRIA, CELEBRAÇÃO E DOAÇÃO

Talvez sua linguagem do amor se expresse, em parte, mediante a doação de presentes. Sendo esse o caso, é provável que algo do círculo vicioso de Christine soe bem real para você. Deus lhe assegura que você tem valor e é aceito — esse é o presente dele para você. Você "pertence" a Deus como um presente. Não é necessário esforçar-se para impressioná-lo; não precisa de um apartamento decorado nem da *playlist* certa para que Deus habite seu coração. Desde o início, o Senhor aceitou você e quis que você o aceitasse. Em certa medida, há em todos nós uma porção presenteadora, e isso se deve ao fato de termos sido criados à imagem de um

Deus doador — amar é algo que está na própria natureza e essência divina. E não é possível experimentar de fato o amor se não houver doação.

Eis o que há de fascinante no relacionamento com Deus: damos e recebemos o tempo todo! A relação com ele não se baseia prioritariamente em regras e suposições, em ritos e clichês religiosos. Tem a ver com alegria e celebração expressas por meio do ato de dar e receber. Lembre-se: o Deus criador de tudo está intimamente envolvido conosco e demonstra isso por meio de seu amor, mesmo quando somos imperfeitos, mesmo quando, segundo padrões alheios, somos indignos de amor por causa do que fizemos, do que não fizemos ou do que não fomos.

> Há em todos nós uma porção presenteadora, e isso se deve ao fato de termos sido criados à imagem de um Deus doador.

Uma das histórias mais famosas contadas por Jesus é a do filho que despedaça o coração de seu pai. Depois de toda uma vida recebendo do pai amor, reconhecimento, respeito e toda segurança terrena que o dinheiro pode comprar, o filho junta tudo e parte para uma vida de prazer e farra. Dá as costas ao pai, aos negócios da família, ao irmão e a todas as preciosas tradições e heranças que lhe competiam. Almejando levar uma vida diferente e conhecer as festividades de outros povos, esse filho, então, realiza seu desejo. Lançando mão de tudo o que tem, gasta tempo e dinheiro em bebedeiras e orgias, as quais logo consomem todo seu sustento. No final das contas, ele de fato se vê numa cultura diferente: faminto, alimenta porcos em uma fazenda. Sem nutrir nenhum interesse por um relacionamento com o pai, começa a se lembrar dos funcionários que ele comandava na propriedade rural de sua família, os quais tinham ao menos o que comer. Assim, planeja retornar ao pai na condição de trabalhador diarista, pelo que toma o longo caminho de volta à fazenda de origem. Este é o ponto que nos interessa na história:

> Quando ele ainda estava longe, seu pai o viu. Cheio de compaixão, correu para o filho, o abraçou e o beijou. O filho disse: "Pai, pequei contra o céu e contra o senhor, e não sou mais digno de ser chamado seu filho".
>
> O pai, no entanto, disse aos servos: "Depressa! Tragam a melhor roupa da casa e vistam nele. Coloquem-lhe um anel no dedo e sandálias nos pés. Matem o novilho gordo. Faremos um banquete e celebraremos, pois este meu filho estava morto e voltou à vida. Estava perdido e foi achado!". E começaram a festejar.
>
> Lucas 15.20-24

QUANDO ESTAMOS NA PIOR

Ao cair em si, o filho usa um termo religioso que, na sociedade atual, já perdeu boa parcela de seu significado: pecado. Ele afirma que pecou contra o céu e contra o próprio pai. Esse filho fez muita coisa errada — destruiu o coração do pai, gastou sua herança, deu as costas ao irmão e ao empreendimento familiar e ainda envergonhou o nome de todos ao se popularizar como um farrista. Todavia, o pecado extrapola a dor causada por esse jovem. Pecado é algo que está dentro de nós, um ímpeto que ocupa o centro de nosso ser e nos impele a fazer o que fazemos. É como uma doença, um câncer na alma. E, ainda que algumas pessoas sejam hábeis em esconder esse câncer, mais cedo ou mais tarde ele vem à tona, seja como um rompante de raiva, seja como um plano para prejudicar os outros ou aproveitar-se deles. Manifesta-se quando nos apropriamos do que não é nosso, quando mentimos e quando arruinamos as pessoas com fofocas e publicações cruéis nas redes sociais. Tais atitudes são consequências do pecado, sintomas do câncer que nos consome de dentro para fora.

Sim, a doença do pecado transparece em sintomas. Mas o mesmo vale para o amor.

Amor é algo que pulsa no mais íntimo de nós, um

anseio pelo que é belo e pelo restabelecimento de todas as coisas a seus devidos lugares. Por meio do profundo amor e perdão de Deus, somos libertos das garras do pecado. E é isso o que vemos na história desse jovem.

Por causa do amor que tem pelo filho, o pai, assim que o vê, é tomado de compaixão e age de imediato. Ele entende o retorno do filho como uma segunda chance, como se o filho, então dado por morto, voltasse à vida. Qual foi a reação desse pai? Dar uma festa e oferecer presentes extremamente valiosos e representativos. Os regalos que o pai oferece ao filho não são apenas bens materiais; antes, representam um relacionamento. O anel era singular, pois simbolizava o poder da família em transações financeiras e comerciais. O manto distinguia o filho dos trabalhadores diaristas e também dos funcionários, mostrando a todos que o rapaz era membro da família. O novilho gordo era um animal especial, reservado para reuniões de familiares e amigos em datas festivas. O pai demonstra seu amor pelo filho por meio de celebração, contentamento e presentes especiais, significativos. "Faremos um banquete e celebraremos!" — essas são as palavras de um presenteador exultante em alegria, e é *exatamente* assim que Deus enxerga a possibilidade de se relacionar com você.

RECEBENDO O QUE NÃO MERECEMOS

O que torna essa história tão incrível é o fato de o filho não merecer nada do que recebe. Na melhor das hipóteses, ele deveria ter recebido o contrário daquilo. Se escrevêssemos esse relato, faríamos o filho sofrer ao menos por um tempo, a fim de dar-lhe uma bela lição. Nós o colocaríamos para dormir no celeiro e o forçaríamos a restituir tudo o que esbanjou. Quem sabe até recusaríamos acolhê-lo de volta. O senso comum contaria essa história de modo diferente do descrito no texto bíblico, pois ela apresenta outra ideia que nossa sociedade já perdeu de vista: a graça. Na Bíblia, a graça se manifesta em expressões do amor de Deus. Essas demonstrações do amor divino por nós não têm nada a ver com o fato de sermos ou não dignos delas. Na verdade, em geral a graça é concedida sob a sombra do nosso não merecimento. Esses presentes são oferecidos a nós não por algo que fizemos, mas tão somente porque Deus deseja oferecê-los. Graça. A graça nos diz que somos dignos, aceitos. Graça. A graça confunde porque tanto o mundo quanto cada fibra de nosso corpo afirmam que nossa

> O senso de pertencimento só acontece quando temos algo com que contribuir... mas o amor de Deus não funciona assim.

dignidade está associada ao que trazemos para a festa: o senso de pertencimento só acontece quando temos algo com que contribuir... mas o amor de Deus não funciona assim. Deus ama você e expressa esse amor mediante a dádiva da graça. Ele o convida a banquetear e celebrar.

AJUSTANDO O FOCO:
Voltando para Deus

Christine pode ter se esforçado para manter-se valorizada pelos amigos. Talvez você se sinta igualmente pressionado. Entretanto, no relacionamento com Deus, isso não acontece. Deus é aquele que nos convida à relação, ao banquete, à celebração. Ele nos criou para dar e receber — o relacionamento com Deus nos incita à alegria por meio da troca que vivenciamos nesse vínculo de amor com ele. Nesse processo de dar e receber, soltar e abraçar, tornamo-nos seres que amam. É aí, na troca, que reside a alegria!

Alegria e celebração estão exatamente no centro do plano de Deus para você e para o mundo. E como começar um relacionamento com Deus? *Voltando.* O filho "voltou à vida" e retornou para seu pai. Fazemos isso quando nos damos conta de que apenas Deus pode nos dar aquilo de que tão desesperadamente precisamos, ou seja, amor. O amor chega a nós como dádiva da graça divina. Deus nos ama; ele nos diz que temos valor e que pertencemos à sua mesa. A Bíblia está repleta de cenas que ilustram isso, mas nenhuma delas é mais conhecida do que estes versículos simples e singulares registrados em João 3.16-17: "Porque Deus amou tanto o mundo que deu seu Filho único, para que todo o que nele crer não pereça, mas tenha a vida eterna. Deus enviou seu Filho ao mundo não para condenar o mundo, mas para salvá-lo por meio dele". Mais uma vez, procure incluir seu nome nessa passagem e releia esse registro da dádiva da graça divina em seu favor. Deus ama o mundo e ama você também.

O amor de Deus, conforme João 3, se expressa mediante a oferta que ele nos entrega: seu Filho, Jesus. Jesus é o grande presente de Deus a nós, pois nos salva do castigo da perdição e nos dá vida eterna. Jesus nos mostra um jeito melhor de viver e nos torna passíveis de sermos incluídos na família de Deus, vestidos na beleza do manto familiar. Por intermédio de Jesus, nossa alma pode se banquetear na única coisa que verdadeiramente nos satisfaz: o amor.

DANDO O PRIMEIRO PASSO

Você pode voltar a Deus ao crer que ele é bom, que ele o ama e que você *precisa* dele. Deus nos concedeu Jesus para que isso fosse possível. Quando ofereceu seu Filho ao mundo, o Pai o fez sabendo que Jesus seria morto em nosso lugar, pregado numa cruz e levado à sepultura. Mesmo assim, ele nos deu Jesus, que morreu nossa morte a fim de quitar a sentença originada em nosso desamor, em nossa recusa a Deus e em todo o mal que cometemos aos outros e a nós mesmos. Ainda que estejamos na pior das condições, Deus simplesmente nos ama de volta.

Tão importante quanto isso, porém, é o fato de Jesus retornar à vida depois de ter sido morto. A Páscoa diz respeito justamente a isso; é por essa razão que todo ano banqueteamos e celebramos, pois Jesus deixou o túmulo, vencendo a morte em definitivo. Essa é a mensagem fundamental e mais importante da Bíblia, algo a que denominamos "evangelho", que significa boas-novas. Podemos experimentar a graça divina ao assentir a essa simples verdade. Podemos recomeçar como quem "volta à vida" e retornar ao nosso Pai celestial, que anseia por nos vestir e nos alimentar de Jesus. Em termos práticos, recomeçamos e retornamos quando *pedimos* isso ao Pai. O filho que voltou ao seu pai terreno provou de um amor radical e inesperado, manifestado em misericórdia e graça. Portanto, disse estas palavras, possivelmente entre lágrimas: "Pai, pequei contra o céu e contra o senhor, e não sou mais digno de ser chamado seu filho". Ele reconhece seu erro, e isso lhe permitiu receber a graça e a misericórdia do amor de seu pai.

RUMO A UMA VIDA DE AMOR

Você também pode fazer isso. Deus está esperando para receber você e, então, banhá-lo no maior presente que ele poderia oferecer: vida nova mediante seu Filho, Jesus! Quer voltar à festa, ser aceito de verdade e descobrir-se digno em uma relação de amor? Se sim, procure dizer as palavras abaixo, em voz alta, a seu Pai celestial. Ele o vê; ele o ama e anseia recebê-lo de volta.

> "Pai, eu me afastei de ti... perdoa-me. Fiz coisas que não deveria e deixei de fazer outras que, em meu coração, sabia que precisavam ser feitas. Quero voltar e receber Jesus, teu maior presente. Creio que Jesus morreu a minha morte e ressurgiu da sepultura. Vem até mim e guia-me. Ajuda-me a seguir-te rumo a uma vida de amor. Amém."

4

Você é aceito: abraçado por Deus

LINGUAGEM DO AMOR: TOQUE FÍSICO

Quando foi a última vez que você foi tocado de modo afirmativo?

O toque é poderoso. Sabemos que a interação tátil é essencial para o desenvolvimento do cérebro das crianças. Caso não sejam aconchegados, os bebês podem desenvolver todo tipo de disfunção mental e emocional, além de outras deficiências. A necessidade de toque tem ligação direta com a nossa alma e, sem esse contato, com o tempo acabamos nos desumanizando.

Hoje, nesta era de conexões virtuais, o toque humano real, concreto, pode parecer um tipo de afeto excepcional. Todavia, o toque é algo, digamos, complexo. Vivemos uma realidade na qual almejamos e, ao mesmo tempo, evitamos toques físicos. O que pode parecer um abraço amistoso ou um fraternal tapinha nas costas se revela uma licença sexual ou, o que é pior, uma forma de abuso. O que é feito na intenção de acolher pode ser mal interpretado como violação. Atualmente, o toque físico é mais temerário do que nunca, tanto para quem o dá quanto para quem o recebe. Não obstante, fomos feitos para desfrutá-lo e suplicamos por ele. Veja o caso de Lance.

Vivemos uma realidade na qual almejamos e, ao mesmo tempo, evitamos toques físicos.

Lance, alcóolatra e veterano do exército dos Estados Unidos, não tem onde morar; ele vive num parque e guarda suas coisas num carrinho de mercado. Lance não se lembra quando foi a última vez que foi genuinamente tocado de maneira afirmativa, muito menos a última vez que foi abraçado, aconchegado nos braços de outra pessoa.

O abraço é um tipo de toque que nos derrete o coração e nos assegura que realmente somos aceitos. Não há nada que ilustre melhor o significado de "abraço" do que a imagem de uma criança abraçando seu pai. Lá está ela, correndo a toda velocidade e, então, agarrando-se firmemente ao pai enquanto exibe aquele olhar radiante de alegria e confiança.

Porém, no caso de Lance, já faz tanto tempo que ele até se esqueceu de como era isso. Apático, preenche seus dias pedindo dinheiro às famílias e aos casais que, de mãos dadas, passeiam pelo parque. Não admira que o dinheiro que recebe funcione como uma recompensa em troca de não terem de interagir com ele. Sem dirigir-lhe o olhar, as pessoas jogam o dinheiro nas mãos de Lance; muitos se esquivam de passar perto dele a fim de evitar pagar essa espécie de taxa. Lance, e todos os semelhantes a ele ao redor do mundo, são os intocáveis, os "inabraçáveis" de nosso tempo. Eles já não se lembram o que é ser abraçado, o que é ser de fato aceito por alguém. A realidade — bastante evidente para quem não tem um lar — é que somos rodeados por milhões de pessoas sedentas de um toque físico.

Os solteiros, por exemplo, em geral não recebem abraços consistentes. Para muitos deles, contentar-se com toques inapropriados ou encontros sexuais inexpressivos não tem nada a ver com preencher o buraco profundo que existe em seu coração; esse espaço oco só pode ser preenchido por abraços transformadores. Com frequência, os mais velhos, conforme se encaminham para o final da vida, sonham receber os toques físicos que outrora lhes eram garantidos mas que desapareceram com a morte do cônjuge ou, ainda, com o distanciamento da família ou dos amigos. A verdade é que vivemos numa terra seca e árida na qual o toque físico apropriado, que satisfaz, está prestes a desaparecer.

O QUE HÁ DE MELHOR (E DE PIOR) EM NOSSA NECESSIDADE DE TOQUE

Toque é muito mais que sensação tátil; é uma das formas mais poderosas de acolhermos uns aos outros. À nossa volta, há pessoas que não conseguem se lembrar da última vez que experimentaram um abraço verdadeiro. Ser abraçado, intensamente abraçado, é ser envolvido com firmeza, com entusiasmo, algo cujo significado vai além das palavras. Nessa circunstância, sabemos que somos aceitos, que temos um lugar diante do outro. Aqueles cuja linguagem do amor é o toque físico sabem disso muito bem. Abraços, tapinhas nas costas, mãos dadas, afagos intencionais... tudo pelo que essas pessoas anseiam é dar e receber amor de maneira física. Para elas, o toque indica pertencimento, zelo e afeto. Quem ama por meio do toque considera os abraços não apenas agradáveis, mas cruciais: sem eles, resta um buraco que nada mais pode preencher. Para todos nós, o toque físico promove, no contexto das relações, um senso de segurança e acolhimento, constituindo-se ingrediente essencial para uma vida bem vivida, plena e próspera.

O toque físico, contudo, é uma das maneiras pelas quais mais nos ferimos e ferimos os outros. Por vezes assumindo a forma de abuso sexual, violação, abuso físico ou assédio, o toque é muito mais frequentemente associado à ofensa do que à acolhida efetiva. Isso torna desafiadora a experiência do amor — tanto o que é repartido com os outros quanto o que vem de Deus — sob a perspectiva do toque. A despeito de termos sido criados para acolher e ser acolhidos, suplicamos profundamente por isso. Não importa se fomos gravemente feridos por toques impróprios ou se estamos nos corrompendo de fora para dentro (como ocorre com Lance pela falta de abraço), uma coisa é verdade: *precisamos ser efetivamente abraçados.*

O abraço efetivo nos restaura a alma e nos resgata do isolamento, do medo, da solidão e do desespero. Sabemos disso desde sempre, desde aquela primeira vez em que tivemos um pesadelo ou vimos um monstro em nosso quarto escuro, quando gritamos e quisemos nos abrigar no abraço afetuoso da mãe ou do pai. Receber abraços consistentes é fundamental para nosso bem-estar. A boa notícia é que, a despeito de como experimentamos o toque, se fomos lesados ou se ansiamos por mais, há um tipo de abraço que podemos receber de Deus, um abraço que nos completa e nos faz saber, lá no íntimo, que somos aceitos.

EM TEMPOS DE DESESPERO, DEUS SE MOSTRA

Ao longo de toda a história, Deus se fez conhecer de muitas maneiras, algumas espetaculares, outras quase imperceptíveis à grande maioria das pessoas. Parece que, quando mais precisamos, Deus se revela e permite que "sintamos" seu amor. Há um livro na Bíblia chamado Jeremias, no qual o povo de Deus se via em situação desesperadora. Eles atravessavam uma crise e precisavam "sentir" Deus, certificar-se de que ele os acompanhava. Ao final de uma guerra em que foram derrotados, estavam prestes a ser capturados e levados a uma terra estrangeira para servir à superpotência da época. Embora as condições dessa derrota e desse cativeiro fossem incrivelmente difíceis, uma coisa era certa: aqueles que se voltavam para Deus buscavam assegurar-se de que ainda pertenciam a ele, que ele lhes faria companhia ali e também na escravidão que os aguardava.

> Exatamente agora, você está sendo "abraçado" por Deus, saiba disso ou não.

Desolado, no fundo do poço, o povo se lembra disto: "Há muito tempo, o SENHOR disse a Israel: 'Eu amei você com amor eterno, com amor leal a atraí para mim'" (Jeremias 31.3). Deus os faz recordar que ele sempre os amou de modo especial e incessante. E, indo além, diz que os "atraiu" na direção de seu amor leal. Deus nunca os desamparou; antes, puxou-os para perto de si, o que, em termos literais, significa "conduzir num abraço". Eles sempre foram conduzidos desse modo pela infalível benevolência de Deus, o qual deixa claro, nesse tempo crítico, que os guiará rumo ao futuro. Ser acolhido consistentemente por Deus é como ganhar abraços dele na hora certa.

ACOLHIDA CONSISTENTE

Exatamente agora, você está sendo "abraçado" por Deus, saiba disso ou não. Ele está abraçando você, segurando-o com firmeza, acolhendo-o de forma efetiva e guiando-o com sua bondade infalível. Ainda que nem sempre busquemos esse abraço, nós o recebemos. Deus vem correndo, lançando-se a nós com entusiasmo e cobrindo-nos de bondade e amor. Ser consistentemente acolhido por Deus é transformador, e o que sentimos quando isso acontece é quase inexplicável.

Nunca vou me esquecer de quando eu (York) acordei com dor nos ossos depois de dormir numa caminhonete gelada, na época em que fiquei desabrigado. Era começo de inverno, morávamos num parque, comendo apenas cereais. Aquilo foi angustiante. Embora não estivéssemos à procura do abraço de Deus, eu, particularmente, ansiava por qualquer tipo de esperança de que aquele novo dia fosse diferente dos anteriores. Intensos raios de luz começavam a atravessar as árvores e a derreter a espessa camada de gelo que cobria o para-brisa. Pouco tempo depois, uma névoa magnífica subiu do gelo à medida que feixes de luz invadiam a escuridão e a friagem úmida do veículo. Naquele instante, criança que eu era, toda a convicção ateísta que herdara de meus pais foi posta à prova. Era como se eu literalmente recebesse um abraço de Deus ou, no mínimo, do universo.

Olhando em retrospecto, acredito que aquela foi uma ocasião na qual minha vida foi tomada pela plenitude da presença divina e me vi envolto no caloroso abraço de um Deus que me amava e queria transformar aquela situação. Às vezes, todos nós precisamos desses abraços de Deus, especialmente em períodos de solidão, desespero, perdas, luto e medo.

Retornemos à história de Jeremias, em que o povo enfrentava tempos difíceis. Deus continua dizendo estas palavras a todos que atravessam crises:

> Pois eu os trarei de volta do norte
> e dos confins da terra.

Não me esquecerei dos cegos nem dos aleijados,
nem das grávidas nem das mulheres em trabalho de parto;
uma grande multidão voltará!
Virão com lágrimas de alegria,
e eu os conduzirei para casa com grande cuidado.
Andarão junto a riachos tranquilos
e em caminhos planos, onde não tropeçarão.

Jeremias 31.8-9

Quando perdem a guerra e são levados a uma terra que parece estar do outro lado do planeta, Deus promete conduzi-los num abraço, em particular aqueles que mais precisam disso. Os cegos, os aleijados, as grávidas prestes a parir — uma grande massa de pessoas acometidas de dor e fragilidade! Esse é o tipo de gente a quem Deus dá especial atenção: quem mais necessita de um abraço. Então, o povo derrama lágrimas de alegria, orando enquanto Deus os restitui a um lugar seguro, junto a riachos e caminhos planos nos quais não haverão de tropeçar.

Você se sente carente de um abraço de Deus? Imagina-se como um dos cegos, aleijados e vulneráveis a quem Jeremias se refere? Tenho uma boa notícia: o amor divino é gentil e não falha; Deus está abraçando você agora mesmo.

AJUSTANDO O FOCO:
Você tem um lugar no coração de Deus

Então, o que fazer ao receber um abraço de Deus? ABRAÇÁ-LO DE VOLTA! Foi isso o que fez o povo na época de Jeremias: eles "retribuíram" chorando e orando. Abraçamos de volta quando reagimos à presença divina. Deus incutiu em nosso íntimo uma demanda por toque físico porque é assim que ele deseja ser amado também. Podemos tocá-lo e ser tocados por ele quando somos acolhidos e acolhemos de volta. Fazemos isso mediante o que chamamos de "louvor". Mais poderoso que a sensação de segurança que vem de braços físicos, o abraço de Deus é sentido com intensidade quando o louvamos. O louvor é a principal maneira pela qual experimentamos o toque físico de um Deus invisível. É desse modo que, no relato de Jeremias, o povo responde de volta a Deus: "Assim diz o SENHOR: 'Cantem de alegria por causa de Israel, pois ela é a maior das nações! Cantem alegres louvores, dizendo: Ó SENHOR, salva teu povo, o remanescente de Israel!'" (Jeremias 31.7). O povo se vale do louvor para retribuir o abraço divino.

Deus quer que você tenha absoluta convicção de que pertence a ele. Você tem um lugar em seu mundo e em seu coração! Deus também quer que você corresponda a ele. Já ocorreu de você abraçar alguém e, ao fazê-lo, sentir que acolhia mas não era acolhido de volta, como se a outra pessoa não lhe correspondesse? Muitos de nós já passamos por isso. Bem, não conseguimos escapar do abraço de Deus, mas podemos escolher reagir de maneira apropriada. O povo de Deus o abraçou de volta por meio do louvor. Embora louvar seja mais que cantar e orar, certamente inclui essas ações. Louvamos a Deus com nosso trabalho, nossas atitudes, o modo como tratamos os outros, como gastamos nosso tempo e nosso dinheiro — tudo em nossa vida pode e deve ser um ato de louvor.

Dito isso, louvar é, em sua forma mais básica, corresponder ao abraço de Deus. A linguagem do amor que se expressa por toque físico seguramente inclui contato humano pele a pele, mas há um modo mais intenso e gratificante de encher nosso tanque afetivo. Podemos ser transformados pela acolhida divina ao oferecer louvor sincero e significativo. Podemos corresponder fisicamente ao abraço de Deus ao engajar nosso corpo nesse louvor. Podemos usar as palavras de nossa boca para dizer a Deus que também o amamos. Além disso, podemos cantar, bater palmas, saltar e até gritar um pouquinho

— ou bastante! Implicar nosso corpo na resposta a Deus permite que *sintamos* o abraço dele, o acolhimento que de fato transforma. Enquanto *sentimos* Deus em meio ao louvor, alcançamos uma viva certeza de que realmente pertencemos a ele.

O TOQUE PARA O QUAL FOMOS CRIADOS

Ao experimentar a acolhida de Deus, passamos de um senso de isolamento e insegurança para a compreensão de que somos aceitos. Podemos sentir a presença divina enquanto atravessamos períodos de intensa crise, sabendo que, não importa o que ocorra, Deus continuará a nos guiar com amor leal. O toque físico está no cerne das relações humanas, mas também é um modo de experimentarmos o acolhimento de Deus. Podemos ser efetivamente acolhidos quando respondemos à obra de Deus em nossa vida. Cantar e orar são apenas dois exemplos de como é possível engajar nosso corpo na relação com Deus. Os artistas pintam e dançam expressando sua paixão por Deus. Profissionais da saúde, trabalhadores dos serviços postais, agentes policiais e motoristas que oferecem carona também exercem suas atividades ao longo do dia como expressões de louvor a Deus. Quer estejamos manejando um estetoscópio, entregando encomendas, lidando com situações desfavoráveis e perigosas ou levando alguém de carro até o aeroporto, tudo pode ser "devotado" a Deus como expressão de louvor.

Quando dedicamos nosso corpo físico a Deus, literalmente o abraçamos de volta e, ao fazer isso, o experimentamos de forma poderosa. A maneira mais simples, e muitas vezes mais fácil, de retribuir o abraço de Deus é reconhecer, por meio de cânticos e oração, a sua presença. Cantar e orar são partes essenciais do relacionamento com o Senhor e nos fazem sentir atraídos por ele. Assim, Deus nos toca e o tocamos de um jeito mais palpável que qualquer outro contato que experimentemos com as pessoas à nossa volta. Esse tipo de toque nunca passa dos limites, nunca demanda cautela nem causa ansiedade; não viola a confiança nem provoca feridas. Esse é o toque para o qual fomos criados, e por vezes nem sequer nos damos conta de que carecemos dele, pois há muito deixamos de recebê-lo.

5

Você é conhecido: provando de verdadeira intimidade com Deus

LINGUAGEM DO AMOR: TEMPO DE QUALIDADE

Em 2009, os Estados Unidos foram acometidos de um pânico repentino. Isso se deveu a um surto de uma doença até então pouco comentada, a "gripe suína". Pode ser que você se recorde, pode ser que não, mas, para muita gente, aquele período foi marcado por profunda preocupação, isolamento e cuidados incomuns. De repente, vimos brotar *dispensers* de espuma higienizadora em cinemas, restaurantes, aeroportos e *shopping centers*. Avisos em todos os banheiros advertiam as pessoas a lavar as mãos vigorosamente. Os poucos sortudos que tinham acesso à vacina contra gripe suína correram para recebê-la, enquanto muitos outros optaram por renunciar à sensação de vergonha e desconforto e usaram máscaras cirúrgicas em público. Foram dias de pânico e cautela, mas, felizmente, aquela epidemia acabou, e temos poucas lembranças dela.

Assim como foi com a gripe suína, volta e meia surge um novo vírus que ocupa os noticiários e alavanca o medo de que uma epidemia se instale. Mais recentemente, fomos confrontados pela pandemia de COVID-19, e é bem provável que seu impacto seja sentido por gerações. As módicas precauções que tomamos durante a temporada de gripe suína foram modificadas e multiplicadas exponencialmente com o surgimento da COVID-19. Apesar disso, há outra doença global que também ameaça a vida e contra a qual as autoridades sanitárias não emitem nenhum alerta. Não há como tomar um comprimido ou uma injeção que nos imunize contra ela, e nenhum grau de distanciamento daqueles que a contraíram nos livrará da contaminação — na verdade, o isolamento pode ser a pior coisa a se fazer para prevenir esse contágio.

Em suma, estamos testemunhando um surto de solidão. Ainda que não soe tão drástico quanto o "fique em casa" recomendado durante uma crise sanitária, seus efeitos certamente foram percebidos e multiplicados pelos acontecimentos fatais que caracterizaram o mundo no início dos anos 2020. Em nossos dias, a solidão alcança níveis epidêmicos, com impactos reais e severos.

Segundo as pesquisas médicas mais bem avaliadas, a solidão tem consequências tangíveis e graves: "Os seres humanos são naturalmente sociáveis. Entretanto, o estilo de vida moderno adotado em países industrializados reduz consideravelmente a quantidade e a qualidade das relações sociais". E não para por aí: "Tais relações, e mesmo a falta delas, constituem importante fator de risco à saúde, equiparando-se a outros reconhecidos malefícios, como consumo de cigarro, pressão alta, elevados níveis de gordura no sangue, obesidade e sedentarismo".[1] Além disso, o impacto da solidão acarreta também outros problemas: "Adultos solitários consomem mais álcool e fazem menos exercícios físicos do que aqueles que não vivem na solidão. Sua dieta se compõe de mais gordura, seu sono é menos eficaz e eles se sentem mais fatigados ao longo do dia. A solidão também desorganiza seriamente os processos celulares do corpo, contribuindo para o envelhecimento precoce".[2] Essa é uma pandemia que vem se instalando de forma severa e rápida: a cada quatro cidadãos em meu país, três relatam enfrentar a solidão e os problemas que vêm com ela.[3] No Reino Unido, essa situação é tão comum que, em 2018, Tracy Crouch foi nomeada pelo governo a primeira ministra nacional da Solidão.

OCUPADO, POPULAR E SOLITÁRIO

Tyler é um bom exemplo dessa pandemia que assola nosso tempo. Ao conhecê-lo, ninguém diria que ele poderia ser um desses solitários. Tyler é popular, está sempre cercado de gente nas atividades cotidianas que realiza, inclusive em ambiente virtual. Há poucos anos ele concluiu a faculdade e, agora, gasta quase todo seu tempo livre com um grupo de pessoas que compartilha dos mesmos interesses que os seus. Envolvido com programas de computador, jogos *on-line* e caça a lojas de descontos, Tyler raramente fica sem ter o que fazer. E por que ele ilustra tão bem a solidão de hoje? Porque o tempo que passa com os outros parece nunca encher seu tanque afetivo — nunca é suficiente e, lá no fundo, Tyler deseja algo mais, embora não toque no assunto. Ele começou a perceber que, independentemente do tempo que gaste e com quem esteja, no fim do dia a solidão sempre vem como um buraco enorme. Tyler anseia por algo que extrapole o que ele encontra até mesmo em seus melhores relacionamentos.

Evidentemente, o dilema de Tyler não nos é estranho. Muitos de nós podemos afirmar que nos sentimos sozinhos mesmo estando cercados de pessoas. Como água derramada sobre a areia, muitas vezes o tempo que passamos com os outros escorre por nossa alma deixando-nos tão secos e empoeirados quanto antes.

A verdade por trás da solidão de Tyler e do restante de nós é que fomos feitos para algo mais. Fomos criados para ter um relacionamento de qualidade com Deus e, se isso não acontece, nenhuma quantidade de amigos, nem mesmo amigos chegados, pode preencher o vazio. Se não nos relacionamos com Deus, nossas outras relações são como água escoando pela areia. Podemos derramar, derramar e derramar, mas as pessoas nunca nos preenchem, parecem jamais prover algo significativo ou duradouro.

Ademais, nossos relacionamentos, incluindo os mais incríveis, muitas vezes se mostram desleais. É praticamente impossível encontrar uma pessoa que afirme nunca ter sido profundamente ferida, machucada, abandonada ou traída por alguém que conhecia, no qual confiava ou até mesmo a quem amava. Não digo isso alegando que não podemos ter relacionamentos relevantes com outras pessoas, mas, para que alcancemos verdadeira satisfação no íntimo de nosso ser, todas as outras relações devem vir depois daquela que é prioritária: nossa relação com Deus, para a qual fomos criados. Todas as outras relações têm melhores chances de prosperar quando nosso relacionamento com Deus está no topo. Esse relacionamento é a lente pela qual podemos verdadeiramente compreender e vivenciar todas as relações terrenas.

JESUS DISSE: "COLOQUEM-ME EM PRIMEIRO LUGAR"

Jesus disse: "Se alguém vem a mim e não odeia seu próprio pai e mãe, mulher, filhos, irmãos, irmãs e até a própria vida, não pode ser meu discípulo" (Lucas 14.26, BJ). Sim, ele disse isso mesmo, numa ocasião em que estava cercado de pessoas que haviam acabado de conhecê-lo. Pouco antes, Jesus estivera numa festa e, então, de repente, todo tipo de gente começou a segui-lo pelos mais diversos motivos. Você acha que ele *realmente* estava orientando aquelas pessoas a odiarem seus entes queridos? Acredita que Jesus *realmente* quis dizer que devemos detestar nossos irmãos? Não! Por vezes, Jesus usava um tom categórico intencional, um estilo direto de se comunicar, a fim de atrair a atenção do público e sacudi-lo para fora de seus padrões de pensamento — sobretudo quando se tratava da relação com Deus!

Por vezes, acostumamo-nos tanto com nosso jeito de pensar e de sentir que a única maneira de atentar para uma perspectiva diferente é recorrendo a um alerta; assim são as palavras de Jesus: um chamamento a fim de que despertemos para a importância de colocar Deus em primeiro lugar.

O que Jesus pretende dizer nessa passagem é que, se nosso relacionamento com ele não for prioridade, se nossas outras relações não parecerem rasas em comparação com aquela que temos com ele, não poderemos conhecê-lo nem segui-lo de verdade. Jesus não está sendo egoísta ou irrealista, mas apresentando um fato. Nosso relacionamento com ele deve ser inigualável, a tal ponto especial que mesmo nossas relações mais preciosas, como as sanguíneas, nos pareçam ofensivas.

Jesus também usa o termo "discípulo". Em nossos dias, essa palavra tem sentido unicamente religioso, mas, naquela época, era usada para descrever qualquer um que seguisse alguém radicalmente, a despeito de qual fosse a profissão dessa pessoa. Era possível ser "discípulo" de um pedreiro, de um ourives, de um carpinteiro... Trata-se de um termo simples que indica devoção intensa, duradoura, exclusiva e singular. Ninguém podia ser discípulo de um pedreiro *e* de um ourives ao mesmo tempo.

Para ser discípulo, era preciso colocar tudo mais em segundo plano e concentrar-se exclusivamente em seguir, por bastante tempo, o exemplo e a instrução do patrão. Faz todo sentido para nós o compromisso excepcional e dedicado que se requer dos médicos residentes — o grau com que se dedicam é crucial se quiserem realmente mergulhar no ofício de favorecer e salvar vidas. Não há como despender tempo com diversas profissões e querer especializar-se em todas elas. Não há como devotar a mesma quantidade de tempo à relação com Deus e às outras relações e querer ser quem Deus, ao criá-lo, intencionava que você fosse.

A CURA PARA A SOLIDÃO

Fomos projetados de forma extraordinária a fim de que vivêssemos o primeiro amor, o incomparável relacionamento com Deus, e nos especializássemos em imitá-lo, sobretudo no modo como ele ama. É disso que Jesus está falando. De fato, ele quer que amemos nossos parentes e irmãos, ou mesmo as pessoas que consideramos inimigas. Jesus nunca quis que odiássemos uns aos outros, mas, quando comparados, o amor que temos pelas pessoas deve parecer desbotado diante do amor avassalador e da devoção que temos por ele.

Eis o segredo: quando nossa relação com Deus vem em primeiro lugar, todos os outros relacionamentos passam a fazer sentido e ocupam seus devidos lugares. É aqui que entra em cena a linguagem do amor que se expressa por tempo de qualidade. Oferecer tempo de qualidade implica dedicar atenção exclusiva a uma pessoa especial: o modo como lhe fazemos companhia e a quantidade de tempo que passamos com ela a reconforta.

Esse tempo qualificado desperta algo mágico: senso de *intimidade*. Visto que está relacionada à nossa comunhão com Deus e à companhia de outras pessoas, a intimidade é transformadora, pois anula o isolamento de nossa alma e até mesmo o efeito da doença em nossas células. Intimidade é um conceito potente, mas desafia o que muitos tendem a pensar acerca dos relacionamentos. Quando concentramos nossa atenção em Deus e o apreciamos, intensificamos nosso relacionamento com ele e provamos desse senso de intimidade.

Assim, essa experiência nos preenche por completo, e até nos faz transbordar. Diferentemente do que ocorre com a água derramada na areia, quando desfrutamos de intimidade com Deus encontramos lucidez e contentamento jamais imaginados. Fomos criados para vivenciar isso, portanto temos fome e sede dessa experiência, ainda que não saibamos que nela reside o objeto de nossos anseios!

Muitos não querem pagar o preço que dá acesso a essa intimidade. São incapazes de devotar-se unicamente a Jesus. As pessoas que começaram a segui-lo depois daquela reunião animada são um bom exemplo disso. Não eram "discípulos", não tinham nenhuma intenção de devotar-se a Jesus e não estavam dispostos a pagar o preço do discipulado a fim de experimentar a intimidade com ele. Elas apenas passaram um momento agradável com ele numa festa e se empolgaram com a ideia de seguir seus passos. Enquanto o seguiam, Jesus quis que soubessem que ele não estava interessado em um fã-clube. Ele não estava em busca da euforia que resulta de conhecer, ainda que superficialmente, uma multidão; antes, procurava discípulos que lhe fossem dedicados. Jesus está radicalmente comprometido com o tempo de qualidade, com a chance de desfrutar de intimidade conosco.

AJUSTANDO O FOCO:
Conhecendo e sendo conhecido

A boa notícia é que é fácil dar os primeiros passos na experiência da intimidade com Jesus. Deus espera e almeja que você se lance na direção dessa intimidade. Cada passo em direção à unidade com Deus é recebido com entusiasmo e correspondido de forma exuberante. Deus deseja ter intimidade conosco e desfrutar de nossa companhia durante um período de tempo bom e duradouro, a fim de que sejamos quem ele pretendeu que fôssemos quando nos criou.

Infelizmente, em nossos dias, muitos religiosos não passam de fãs, nutrindo por Jesus um interesse superficial motivado por razões diversas. Decidem acompanhá-lo de uma experiência a outra, mas não se conectam a ele de verdade. Para essas pessoas, Jesus vem depois — depois de estarem com a família, depois de garantirem o dinheiro, depois de alcançarem metas ambiciosas. O tempo de qualidade é a principal maneira pela qual distinguimos um fã de um discípulo, pois este *busca estar* com Jesus e ter com ele uma intimidade consistente. Parte do problema que Tyler e nós experimentamos em nossos relacionamentos se deve ao fato de eles serem rasos, superficiais; não há neles verdadeiro conhecimento mútuo. Intimidade — a profunda compreensão de que somos e existimos um para o outro e a certeza de que o outro nos vê — é o que procuramos em nossas relações. Quando não temos isso, sentimo-nos solitários, não importa quantas pessoas estejam à nossa volta.

No mais fundo de seu ser, há um forte desejo, um impulso por conhecer e ser conhecido. Você foi criado sobretudo para conhecer a Deus e ser conhecido por ele; então, quando isso ocorre, todos os outros relacionamentos ocupam seu devido lugar. O principal motivo pelo qual milhões de pessoas (e talvez você também) se sentem solitárias é porque lhes falta intimidade com Deus. A comunhão, a companhia íntima e enriquecedora, resulta da partilha de tempo de qualidade com o Pai. Isso pode soar como uma ideia estranha, mas passar tempo com Deus é, literalmente, o modo mais certeiro de se ter uma vida abundante em amor, alegria e paz. Quem vive em intimidade com Deus desfruta do amor, da plena companhia e total comunhão com o único que pode nos preencher por completo e até mesmo nos fazer transbordar!

RUMO À INTIMIDADE COM DEUS

Você pode dar o primeiro passo rumo à intimidade com Jesus neste exato instante. Enquanto você lia essas palavras, ele o esperava. Considere fazer algo concreto e prático na companhia de Deus. Quando pensamos em passar tempo de qualidade com os outros, em geral nos referimos a nos unirmos a eles em alguma atividade, uma conversa franca ou uma vivência compartilhada. Talvez você agora tenha acesso a um espaço físico onde possa, sozinho e em silêncio, fazer algo para se conectar com Deus de maneira tangível. Inicie respirando profunda e vagarosamente. Deixe que as distrações se dissolvam em segundo plano e apenas peça a Deus que se mostre presente. Você pode dizer algo como: "Jesus, faze-me notar tua presença".

> Infelizmente, em nossos dias, muitos religiosos não passam de fãs, nutrindo por Jesus um interesse superficial motivado por razões diversas.

Sentado em silêncio, procure fazer a oração a seguir. Leia-a lentamente e depois faça uma pausa.

> Teu amor, Senhor, é imenso como os céus;
> tua fidelidade vai além das nuvens.
> Tua justiça é como os montes imponentes,
> teus decretos, como as profundezas do oceano;
> tu, Senhor, cuidas tanto das pessoas como dos animais.
> Como é precioso o teu amor, ó Deus!
> Toda a humanidade encontra abrigo à sombra de tuas asas.
> Tu os alimentas com a fartura de tua casa
> e deixas que bebam de teu rio de delícias.
> Pois és a fonte de vida,
> a luz pela qual vemos.
>
> Salmos 36.7-9

Agora, leia essa oração uma segunda vez e faça uma nova pausa. Por fim, releia-a prestando atenção aos trechos que fazem você se sentir saciado. Ao *sentir* que algumas palavras dessa oração se conectam com a sua alma, reflita sobre elas, contemple-as, implique-se nelas. Pergunte a Deus: "Por quê? Por que essas palavras?". O que há nesse aspecto da oração que conecta você a ela? Ao dar esse simples passo de oração e meditação na Palavra de Deus, você começará a experimentar a intimidade com ele.

Então, depois de orar e meditar nessa prece, procure registrar por escrito o que vivenciou. A oração, a meditação e a escrita podem se tornar rotineiras, e, à medida que desfruta de intimidade por meio dessa modesta prática, você se pegará esperando por ela. Essa atitude o preencherá, e você vai descobrir que ela não é como os outros relacionamentos, não é como água derramada sobre a areia. Busque fazer isso em cada um dos próximos trinta dias, percorrendo os Salmos, e observe de que modo você experimenta a presença de Jesus em sua vida!

6

Vivendo em amor

Você já teve uma noite de sono agitada, terrível mesmo? Talvez já tenha acordado no meio da noite, completamente só. Você olha fixamente para o teto enquanto a luminosidade de seu celular ou despertador projeta sombras em todo o quarto. Você se remexe e muda de posição na expectativa de cair no sono de novo, mas sua mente não para. Nesses momentos de inquietude, ficamos face a face com a nossa humanidade; muitos de nós nos sentimos totalmente sozinhos em tais ocasiões. Em meio a esse lampejo em plena madrugada, nossa mente gira em torno de coisas nas quais evitamos pensar durante o dia, habilidosos que somos em nos esquivar delas. Detemo-nos ali, especulando sobre o futuro, as finanças, a saúde, preocupados com os relacionamentos, os rumos da carreira, a aposentadoria. Ao olhar para o relógio, notamos que dez minutos se tornaram três horas. Observamos o ventilador de teto, as sombras… Enquanto isso, imaginamos várias coisas e nos preocupamos com muitas delas. Todos já tivemos essa experiência.

O amor abre caminho através dessa observação inquieta, dessas especulações e angústias. Ele nos pacifica o coração de um modo que dinheiro nenhum jamais conseguirá. Mais do que soluções ou certezas quanto ao futuro, precisamos encontrar esperança e paz *sentindo-nos* amados. Nos instantes sombrios de nossa vida, Deus quer que saibamos que ele está conosco, amando-nos e cuidando de nós. Quando seus amigos estavam aflitos, Jesus os tranquilizou com estas palavras:

> Por isso eu lhes digo que não se preocupem com a vida diária, se terão o suficiente para comer, beber ou vestir. A vida não é mais que comida, e o corpo não é mais que roupa? Observem os pássaros. Eles não plantam nem colhem, nem guardam alimento em celeiros, pois seu Pai celestial os alimenta. Acaso vocês não são muito mais valiosos que os pássaros? Qual de vocês, por mais preocupado que esteja, pode acrescentar ao menos uma hora à sua vida?
>
> Mateus 6.25-27

PAVOR *VERSUS* VALOR

Não conseguimos vivenciar o amor de Deus a menos que compreendamos nosso valor. Jesus não diz apenas "Não se preocupe"; ele também afirma que você é precioso — você tem valor. A preocupação sinaliza que acreditamos não haver ninguém cuidando de nós, agindo em nosso favor. Na raiz de toda preocupação está a crença de que somos invisíveis, de que não importamos, não servimos para nada. Na raiz de todo pavor, há a crença de que não somos aceitos e ninguém nos conhece de fato. Nada disso é verdade. Jesus diz que Deus cuida dos pássaros provendo tudo aquilo de que necessitam, e, se é assim que o Pai cuida deles, muito mais de você, que é mais importante que qualquer pássaro!

Deus o ama profundamente. Você é visto, conhecido e amado! Ao ler sobre as linguagens do amor aqui descritas, provavelmente você se identificou, em algum grau, com cada uma delas. Embora predomine em nós individualmente uma dessas linguagens, amor é amor. Quem não se sente um tanto honrado ao receber um presente? Quem não se sente notado quando alguém lhe dirige uma palavra de afirmação afetuosa e encorajadora? Acaso não nos sentimos importantes quando fazem algo para nos ajudar ou atender? Independentemente de qual seja nossa principal linguagem do amor, nós nos sentimos amados quando *somos* amados — a questão é nos darmos conta disso. É esse o ponto a que Jesus se refere. Quando constatamos nosso valor diante de Deus, podemos parar de nos apavorar; quando paramos de nos remexer e nos revirar na cama enquanto olhamos fixamente para as sombras da vida, descobrimos que é possível *sentir* o amor de Deus!

DIRECIONANDO NOSSO CORAÇÃO A DEUS

Deus expressa seu amor por nós o tempo todo, mesmo quando não estamos cientes disso. Ele fala nossa linguagem do amor e, então, *conhecemos ou sentimos* seu amor à medida que nos damos conta de sua presença em nossa vida diária. Podemos nos inteirar de nosso valor para Deus e da atuação divina em nossa vida quando o buscamos. Ao direcionar ao Pai nosso coração e nossa alma, podemos experimentar a maravilhosa presença de seu amor. O primeiro passo para vivenciarmos o amor de Deus é tão somente reconhecer que queremos vivenciá-lo. Posso parecer simplista, mas, não raro, as pessoas ignoram esse passo. Procure dizer as seguintes palavras a Deus em voz alta agora mesmo:

> "Jesus, quero experimentar teu amor. Creio que tu morreste na cruz para pagar o preço de tudo que fiz e

deixei de fazer. Creio que tu conquistaste a morte ao levantar-te da sepultura. Desejo conhecer a ti. Toma minha vida e guia-me pelo caminho do amor."

Essa singela oração expressa a Deus nosso desejo de sermos amados. Nela, reconhecemos que, mediante o que Jesus fez por nós ao morrer e ressuscitar, podemos viver com ele em amor. Nela também confessamos que queremos viver do jeito de Deus e ser por ele conduzidos. Trata-se de uma oração importante, pois abre caminho para que recebamos o amor de Deus. Mais uma vez, procure apresentar essa prece a ele em voz alta.

> A preocupação sinaliza que acreditamos não haver ninguém cuidando de nós.

Deus nos ama sempre, mas essa oração diz a ele que realmente queremos conhecer esse amor. A experiência de desfrutar do amor divino responde a muitos anseios do nosso coração. Quando começamos a viver em amor, percebemo-nos livres de preocupações; passamos a acreditar que somos valiosos, notados, relevantes, reconhecidos e aceitos! Deus fala nossa linguagem do amor e, ao admitir isso, encontramos esperança e paz nele!

E quanto à Bíblia? Talvez você ainda não a leia regularmente, mas, uma vez que abrir a porta de seu coração ao amor divino, descobrirá que as Escrituras ganharão novo significado. Para a maioria das pessoas, a Bíblia não passa de um livro antigo, cheio de genealogias e dizeres esquisitos, mas quando abrimos o coração ao amor de Deus o texto bíblico ganha vida. Ao terminar a leitura deste livro, considere a ideia de pegar uma Bíblia e observar como Deus fala sua principal linguagem do amor ali. Tente começar pelos Salmos e pelo Evangelho de João. Nas próximas semanas, procure ler diariamente um capítulo de cada um desses dois livros. Note as maneiras pelas quais Deus se aproxima de você, o modo como ele o encoraja e o envolve num abraço tão poderoso que mãos humanas não conseguiriam reproduzir. Observe como ele o conduz a fim de que se torne uma pessoa amável, paciente e alegre.

Tudo muda quando estamos cientes de que somos vistos conhecidos e amados. Quando sentimos o amor divino, descobrimos que estamos sendo transformados de dentro para fora, e isso nos impele a nos unirmos a Deus naquilo que ele faz à nossa volta.

O que eu (York) não notei quando criança foi que, cada vez que queimávamos uma Bíblia do lado de fora de casa, cada vez que zombávamos de Deus e ignorávamos seu amor, estávamos literalmente queimando a esperança, zombando da paz e fechando os olhos para a alegria e o senso de propósito que resultam de uma vida de amor.

Quando experimentamos o amor de Deus, não sentimos um mero calorzinho. Vivenciar o amor divino não tem a ver com nos sentirmos melhor, mas com encontrar esperança, paz, alegria e propósito. Quando desfrutamos do amor de Deus, ficamos eletrizados!

CORAÇÃO EM CHAMAS

Há quem utilize a expressão "incendiar-se por Deus". É isso o que ocorre quando encontramos o amor divino: somos "incendiados", ou seja, dispomos de uma nova fonte de energia que queima dentro de nós. Quando eu (York) finalmente decidi receber o amor de Deus e seguir Jesus, de imediato senti um vigor incrível, como se meu coração estivesse em chamas. À medida que fui lendo a Bíblia, orando e seguindo os passos de Jesus, descobri-me pleno de propósito e esperança, e isso me incitou a amar as pessoas ao meu redor. Eu me peguei amando os moradores de rua que ocupavam o quarteirão, a prostituta que ficava no ponto de ônibus, o vizinho irritadiço, meus adversários na faculdade... Passei a amar minha família mais intensamente e a apreciar meus amigos mais intencionalmente. Esse amor cresceu em mim porque eu o havia recebido de Deus! Quando somos amados, tornamo-nos amáveis. Quando sabemos que somos valiosos, dizemos aos outros que eles têm valor.

Podemos ajudar as pessoas a se darem conta de que são notadas porque nós mesmos fomos notados por Deus. Há um contentamento quase inexplicável que resulta de termos sido libertos do pavor da invisibilidade, do medo do esquecimento e do receio de sermos desprezíveis. Quando sabemos que alguém nos vê, nos conhece e nos ama, nosso coração se incendeia. É isto o que acontece sempre que amamos e somos amados: experimentamos uma amizade incandescente que coloca nosso mundo em ebulição!

Notas

Introdução

[1] "Religious Landscape Study", Pew Research Center, <https://www.pewforum.org/religious-landscape-study/>, acesso em 16 de fev. de 2021.

Capítulo 1

[1] Ann Landers, *Wake Up and Smell the Coffee!: Advice, Wisdom, and Uncommon Good Sense* (New York: Villard, 1996), p. 34.

Capítulo 2

[1] Ver Gary A. Haugen, *Good News about Injustice: A Witness of Courage in a Hurting World* (Downers Grove, IL: InterVarsity Press, 2009), p. 25-31.

Capítulo 5

[1] Julianne Holt-Lunstad, Timothy B. Smith e Bradley Layton, "Social Relationships and Mortality Risk: A Meta-Analytic

Review", PLoS Med 7, n. 7, 2010, <https://doi.org/10.1371/journal.pmed.1000316>, acesso em 25 de fev. de 2021.

[2] John Cacioppo, "Why Loneliness Is Bad for Your Health", entrevista concedida a Nancy Shute, *U.S. News & World Report*, 12 de nov. de 2008, <https://health.usnews.com/health-news/family-health/brain-and-behavior/articles/2008/11/12/why-loneliness-is-bad-for-your-health>, acesso em 25 de fev de 2021.

[3] Dennis Thompson, "3 in 4 Americans Struggle with Loneliness", *MedicineNet*, 18 de dez. de 2018, <https://www.medicinenet.com/script/main/art.asp?articlekey=217418>, acesso em 25 de fev. de 2021.

Compartilhe suas impressões de leitura,
mencionando o título da obra, pelo e-mail
opiniao-do-leitor@mundocristao.com.br
ou por nossas redes sociais

Esta obra foi composta com tipografia Adobe Caslon Pro

www.ingramcontent.com/pod-product-compliance
Ingram Content Group UK Ltd.
Pitfield, Milton Keynes, MK11 3LW, UK
UKHW040314300826
14791UKWH00003B/871

9 786559 881277